Un homme obsédé

Alan Edward Nourse

Writat

Cette édition parue en 2023

ISBN : 9789359256115

Publié par
Writat
email : info@writat.com

Contenu

A propos de l' auteur

Né à Des Moines, Iowa, et actuellement étudiant pour son doctorat en médecine à l'Université de Pennsylvanie, Alan E. Nourse a réussi entre-temps à se faire une réputation d'auteur de science-fiction. Ses histoires ont été publiées dans tous les grands magazines fantastiques et dans de nombreuses anthologies. A MAN OBSESSED, son dernier ouvrage, sera son troisième roman à voir la publication d'un livre. À ce sujet, dit-il ;

> "L'idée est issue de mon expérience de cobaye médical de niveau mineur que j'ai fait de temps en temps en tant qu'étudiant en médecine. Le centre médical Hoffman, conçu à l'origine comme un développement probable dans l'avenir du traitement médical et de la recherche, n'est pas Le travail du mercenaire médical existe cependant à l'heure actuelle pour tester de nouveaux médicaments, étudier les effets physiologiques et, dans certains cas, tester des procédures plutôt dangereuses. La participation est payée en espèces et certains groupes d'expériences sont devenus très populaire parmi les étudiants en médecine comme source de revenus très faciles, quoique légèrement risqués.

CHAPITRE UN

Jeffrey Meyer se rassit sur sa chaise et attendit. Il pouvait à peine respirer l'air étouffant des lieux. Sa main serra son verre jusqu'à ce que les jointures soient blanches, et ses lèvres se retroussèrent légèrement alors qu'il observait la foule autour de lui. Tout son corps était tendu. Ses jambes, étroitement nouées sous le siège, étaient prêtes à bouger en un instant, et ses yeux allaient de l'avant à l'arrière de la salle. C'étaient des yeux gris pâle qui ne s'arrêtaient jamais : ils bougeaient, regardaient, attendaient. Il avait attendu si longtemps, attendu et chassé avec une patience amère. Mais maintenant, il savait que la longue attente touchait à sa fin. Il savait que Conroe arrivait et le piège était tendu.

Pour la millième fois ce soir-là, un frisson de plaisir glacial le parcourut à cette pensée. Il se tortillait d'impatience, osant à peine respirer. De sa main libre, il caressa le manche en plastique froid du pistolet qui se trouvait à côté de lui, et un sourire serré apparut sur ses lèvres fines. Conroe arrivait… enfin… enfin… Et ce soir, il tuerait Conroe.

L'endroit était une maison de fous autour de lui. Devant la pièce, près de la porte sur la rue, se trouvait un long bar en fer à cheval. Il était déjà bondé par les premiers fêtards. Un cri strident dans le coin faisait retentir la musique grêle et nerveuse qui était récemment devenue si populaire, et un éclat de rire féminin bruyant et hystérique résonnait au fond de la pièce.

Jeff Meyer se frotta les yeux, brûlant à cause de la brume bleuâtre qui remplissait la longue pièce au plafond bas. Le rire malsain éclata de nouveau, et quelqu'un éclata dans un mugissement de chanson, moitié rire, moitié bruit.

A la table voisine, un alkysiky s'agitait , marmonnait quelque chose d'inintelligible et remettait tristement son nez à son verre. Les yeux de Jeff se posèrent sur l'homme avec dégoût. Le cou maigre, la mâchoire affaissée, l'expression d'écoute idiote, presque surnaturelle, sur le visage insipide : une image typique du type. Jeff l'observa un instant avec dégoût, puis déplaça ses yeux, observant toujours une lueur d'appréhension traverser son esprit.

Une fille, entièrement nue à l'exception du plateau accroché à sa taille, se promenait près de sa table, remuant les hanches et affichant son plus grand sourire de personnalité.

"Enfoncer un clou, monsieur ?"

"Batte-le."

Le sourire se rafraîchit légèrement sur les lèvres de la jeune fille. " Demandez simplement ", gémit-elle. "Tu n'es pas obligé de—"

"Batte-le!" Jeff lui lança un regard venimeux, essayant frénétiquement d'empêcher son attention de s'éloigner du devant de la pièce. Ce serait trop de faire une erreur maintenant, plus qu'il ne supporterait de commettre une erreur comme la dernière fois.

Le piège était parfait. Cela *ne pouvait pas* échouer cette fois. Chaque étape du chemin avait été soigneusement esquissée, tracée au cours de longues nuits blanches de conférence et de planification. Ils n'auraient pas pu traquer un homme comme Conroe pendant toutes ces années sans en apprendre davantage sur lui : sur sa personnalité, sur les choses qu'il aimait et n'aimait pas, sur les choses qu'il faisait, sur les endroits qu'il fréquentait, sur les amis qu'il se faisait.

La dernière fois, après que la propre erreur de Jeff lui ait permis de passer entre les mailles du filet à la dernière minute frénétique, il semblait n'y avoir aucun espoir. Tout semblait d'autant plus désespéré que l'homme avait disparu aussi complètement que s'il était mort. Mais ensuite ils avaient trouvé la fille, la clé de sa cachette. Elle avait formé le maillon supérieur d'une longue et méticuleuse chaîne qui se resserrait chaque jour davantage, rapprochant enfin Paul Conroe des mains de l'homme qui allait le tuer. Et voilà que le piège était tendu ; il ne pouvait y avoir de dérapage cette fois. Il n'y aura peut-être jamais d'autre chance.

La porte de la rue s'ouvrit brusquement et un petit homme au cou de taureau et aux cheveux blonds entra. Il fut suivi par deux autres hommes en costumes d'affaires soignés. Le premier homme se dirigea rapidement vers le bar, se frayant un chemin à travers la foule, et resta là à siroter de la bière pendant plusieurs minutes. Il jeta un coup d'œil attentif aux gens autour du bar et aux tables environnantes avant de se diriger vers l'arrière et de s'asseoir à côté de Meyer. Regardant Jeff avec une expression indéfinissable, il finit sa bière d'un trait et posa le verre sur la table en un clin d'œil.

"Quoi de neuf?" » dit Jeff d'une voix rauque.

"Il y a quelque chose de drôle." La voix de l'homme aux cheveux sable était d'une basse douce et un froncement de sourcils apparut sur son front rose. "Il aurait dû être là maintenant. Il a quitté l'hôtel à Camden-town il y a une heure, en trois-roues privé, et il s'est dirigé vers ici."

Jeff se pencha en avant, son visage devenant blanc. "Tu as quelqu'un sur lui ?"

"Oui oui biensûr." La voix de l'homme était aiguë et il y avait des rides fatiguées autour de ses yeux. "Vas-y doucement, Jeff. Tu ne pourrais pas l'avoir s'il entrait, comme tu es. Il te repérerait en deux secondes."

La main de Jeff trembla alors qu'il agrippait son verre, et il s'installa tendu sur sa chaise. "Ça ne peut pas mal tourner, Ted. Il faut que ça s'enlève."

"Ça devrait. La fille est là et elle a reçu des nouvelles de lui hier soir."

"Peut-on lui faire confiance ?"

L'homme aux cheveux blonds haussa les épaules. "Ne soyez pas stupide. Dans ce jeu, on ne peut faire confiance à personne. Si elle a suffisamment peur, elle jouera le jeu, d'accord ? Nous avons fait de notre mieux pour lui faire peur. Nous lui avons fait très peur. Peut-être elle a plus peur de Conroe, je ne sais pas. Mais ça me semble froid. Sur un plateau. Alors ressaisissez-vous.

"Il faut que ça s'enlève." Jeff grogna sauvagement ces mots et vida son verre d'un trait. L'homme aux cheveux sable cligna des yeux, ses petits yeux pâles curieux. Il se pencha en arrière, pensif. " Et si ce n'était pas le cas, Jeff ? Et si quelque chose se passait mal ? Et alors ? "

La main lourde de Jeff attrapa le poignet de l'homme dans une prise qui ressemblait à un étau. "Tu ne parles pas comme ça," grinça-t-il. "Vos hommes, ça ne me dérange pas, mais pas vous, vous comprenez ? Ça ne peut pas mal tourner. C'est tout ce qu'il y a à savoir. Pas de si, non peut-être. Vous l'avez compris maintenant ? "

Ted se frotta le poignet, le visage rouge. "Très bien," marmonna-t-il. " Donc ça ne peut pas mal tourner. Donc je ne devrais pas parler, je ne devrais pas poser de questions. Mais si ça tourne mal, tu vas mourir. Tu le sais ? Parce que tu te suicides avec ça... » Il soupira en regardant Meyer. " Qu'est-ce que ça vaut, Jeff ? Ce déchirement constant ? Tu en es obsédé depuis des années. Je sais, je travaille avec toi et je t'observe depuis cinq d'entre eux – cinq longues années de chasse. Et pour quoi ? Pour attraper un homme et le tuer. C'est tout. Qu'est-ce que ça vaut ?

Jeff prit une profonde inspiration et sortit un paquet de cigarettes de sa veste. "Enfoncez un clou", dit-il en offrant le paquet. "Et ne t'inquiète pas pour moi. T'inquiète pour Conroe. C'est lui qui sera mort."

Ted haussa les épaules et prit la fumée. "D'accord. Mais si ça explose, j'en ai fini. Parce que c'est tout ce que je peux supporter."

"Rien n'explosera. Je l'aurai. Si je ne l'aurai pas maintenant, je l'aurai la prochaine fois, ou la prochaine, ou la suivante. Avec ou sans toi, je l'aurai." Jeff inspira en tremblant, ses yeux gris froids sous ses épais sourcils noirs. "Mais il n'y aurait pas mieux la prochaine fois."

Il se rassit sur sa chaise, son visage tombant dans les lignes si familières à Ted Bahr. Jeff Meyer avait été un bel homme, avant que les longues années de haine n'aient fait leur œuvre sur son visage. C'était un homme énorme, puissamment bâti, aux épaules lourdes, avec un cou fort et un nez droit, et une touffe de cheveux noir de jais , soigneusement coupés. Seul son visage exprimait l'amertume des cinq dernières années, des années remplies de colère et de haine, et d'une sauvagerie grandissante qui avait poussé l'homme presque au point de rupture.

Les rides autour de ses yeux et de sa bouche étaient cruelles – des lignes lourdes qui avaient été profondément et indélébiles gravées dans le visage fort, lui donnant un aspect dur, presque brutal dans la pénombre du bistro. Il respirait régulièrement et lentement lorsqu'il était assis, mais ses yeux pâles étaient durs comme de la glace alors qu'ils se déplaçaient lentement dans la petite salle d'exposition. Ils observaient chaque visage, chaque mouvement de la foule grandissante.

Il n'était pas à sa place et il le savait. Il n'avait aucune utilité pour les gens étourdis, à moitié hystériques, qui se pressaient nuit après nuit dans ces trous enfumés. Ils sont venus en masse du cœur de la ville pour boire le gin aqueux et fumer frénétiquement des cigarettes de contrebande alors qu'ils tentaient désespérément d'évacuer la vapeur et la pression de leur vie quotidienne.

Meyer détestait l'odeur et l'atmosphère étouffante de l'endroit ; il détestait les éclats de rire, les rires idiots ; il détestait les alkysikys pleurnichards qui remplissaient les bars de leur whisky et de leurs mondes oniriques étranges et surnaturels. Par-dessus tout, il détestait l'horrible et retentissant artificiel artificiel, les cuivres et les bruits sourds de la foule. Sa peau rampait. Il savait qu'il ne pouvait pas disparaître dans une telle foule, qu'il était aussi évident, assis là, que s'il avait été peint à pois rouges. Et il savait que si Conroe le remarquait une seconde avant lui... Il s'enfonça dans son fauteuil et lutta pour contrôler ses mains tremblantes.

Les lumières se sont soudainement atténuées et un énorme projecteur rouge a attiré l'attention sur le rideau au fond de la salle d'exposition. Jeff entendit Bahr reprendre son souffle pendant un moment, puis pousser un petit soupir inquiet. La foule se tut lorsque la jeune fille écarta les rideaux et sortit au milieu de la salle, au son d'une fanfare de musique métallique. Les yeux de Jeff s'écarquillèrent alors qu'ils la suivirent jusqu'au centre de la lumière rouge.

"C'est elle."

Jeff jeta un coup d'œil aigu à Bahr. "La fille ? C'est elle ?"

Bahr hocha la tête. "Conroe sait comment les choisir. Il est censé la rencontrer plus tard. C'est son premier spectacle de la soirée. Ensuite, elle en a un autre à dix heures et un autre à deux heures. Il est censé la ramener à la maison." Il regarda attentivement la pièce. "Faites attention," marmonna-t-il, et il s'éloigna silencieusement de la table.

La fille était nerveuse. Jeff s'assit suffisamment près pour voir la peur sur son visage alors qu'elle tournait sur le sol. La musique était devenue une voix lente et lancinante alors qu'elle commençait à danser. Elle se déplaça lentement, faisant le tour du sol. Ses cheveux étaient longs et noirs, flottant autour de ses épaules, et son corps bougeait avec une grâce soigneusement calculée au rythme de la musique. Mais il y avait de la peur sur son visage alors qu'elle se tournait, et ses yeux cherchaient les visages à la lisière du cercle.

La musique s'accéléra imperceptiblement et Jeff sentit un frisson lui parcourir le dos. La partie supérieure de la robe scintillante glissa des épaules de la jeune fille, et lentement le tempo de la danse commença à changer par rapport au rythme majestueux qu'il avait un instant auparavant. Le rythme de la musique devint hypnotique, se déplaçant de plus en plus vite. Les mains de Jeff tremblaient alors qu'il essayait de détourner son regard de la silhouette ondulante. Rien n'avait marqué le changement, mais soudain, la danse était devenue obscène à mesure que la musique montait – si vicieusement obscène que Jeff en avait presque des haut-le-cœur.

Il sentait la tension dans la foule autour de lui. Il entendit leur respiration s'accélérer, sentit l'impatience désespérée dans leurs yeux durs et brillants alors qu'ils regardaient. La nervosité avait disparu du visage de la jeune fille. Elle avait oublié sa peur, et un petit sourire apparut sur son visage alors que son corps bougeait en abandonnant le rythme qui s'accélérait.

Lentement, elle se dirigea vers les tables, et les projecteurs la suivirent, jouant des tours avec ses cheveux et sa robe, cachant et révélant, se tordant et se balançant... Jeff sentit son corps se figer. Il lutta pour bouger, lutta pour détourner son regard de la silhouette qui se tordait alors qu'elle se rapprochait de plus en plus...

Et puis elle était parmi les gens, allant de table en table, sans jamais ralentir son mouvement, gracieuse comme un chat, se tordant et virevoltant dans la lumière rouge vacillante. Elle entra et sortit jusqu'à atteindre la table de Jeff, son visage impénétrable – un masque souriant paisiblement. Avec une grâce incroyable , elle sauta sur le dessus de la table et donna un coup de pied au verre de Jeff qui le fit tourner sur le sol avec fracas. Et puis la lumière rouge l'a frappé en plein visage…

"Sortez de la lumière !"

Comme un chat, il rejeta sa chaise et frappa la jeune fille, la faisant tomber de la table. Quelqu'un a crié et la lumière s'est dirigée vers la jeune fille, puis de nouveau vers lui. La table est passée. Il sortit de la lumière, se tordant et se battant à travers la foule stupéfaite et hurlante. Son arme était à la main et il fouillait frénétiquement la salle des cris des yeux.

« Attrapez-le ! Le voilà !

Il entendit la voix de Bahr rugir depuis le côté de la pièce. Jeff se balança brusquement au son de la voix. Il vit la silhouette grande et élancée, accroupie, dos au bar, les yeux écarquillés de peur et de désespoir. Il n'y avait aucun doute sur le visage, les joues creuses et le front haut, les cheveux grisonnants. C'était le visage qu'il avait vu dans ses rêves, les lèvres tordues, le visage maléfique et macabre de l'homme qu'il avait traqué jusqu'au bout du monde. Pendant une fraction de seconde, il aperçut Paul Conroe, accroupi, puis la silhouette disparut, se faufilant à travers la foule vers la porte…

"Arrête-le!" Jeff se jeta sauvagement dans la foule, criant après Bahr à travers la pièce. "Il se dirige vers la rue ! Attrapez-le !" L'arme lui heurta brusquement la main alors qu'il tirait sur la tête mobile. S'élevant un instant, il disparut de nouveau dans la mer de têtes. Un cri s'éleva au coup de feu. Des femmes sont tombées par terre, des verres se sont brisés, des tables se sont renversées. Quelqu'un agrippa sans succès la jambe de Jeff. Puis, brusquement, les lumières se sont éteintes et il y a eu un autre cri.

"La porte, la porte… Ne le laisse pas sortir…"

Jeff plongea sur le côté de la pièce, ouvrit la sortie de secours et s'enfonça dans l'allée sombre et étroite menant à la rue. Il a entendu des coups de feu alors qu'il courait. Tournant au coin de l'immeuble, il aperçut la grande silhouette qui courait pêle-mêle dans la rue mouillée.

"Le voilà ! Attrapez-le !"

Ted Bahr était accroché à la porte. Il haleta en se tenant le côté, le visage tordu par la douleur. "Il m'a frappé", haletait-il. « Il s'est échappé… » Une voiture à réaction glissa du trottoir et gémit dans la rue en direction de la silhouette en fuite. "Il ne peut pas venir – j'ai des hommes à chaque coin de rue dans des voitures. Ils l'attraperont et le reconduiront…"

"Mais où va-t-il ?" Un sanglot de rage étouffa la voix de Jeff. " Elle nous a trahis, la garce. Elle m'a doigté quand elle l'a vu entrer… " Tout son corps tremblait et les mots dégringolaient, presque incohérents. "Mais il doit savoir que les rues sont bloquées. Où court-il ?"

"Vous pensez que je suis un lecteur d'esprit ? Je ne sais pas. Il n'y a pas de bâtiments ouverts dans tout le pâté de maisons à part cet endroit et le Hoffman Center. Il ne peut aller nulle part ailleurs et il ne peut pas sortir du pâté de maisons. … Nous avons toutes les issues de secours sécurisées. Il devra revenir ici ou être abattu là-bas.

Ils regardaient la rue sombre, des larmes de rage dans les yeux de Jeff. Ses mains tremblaient de manière incontrôlable et ses épaules s'affaissaient d'épuisement et de défaite. La porte de la taverne s'était ouverte à la volée et les gens se pressaient dehors. Jeff et Ted Bahr sont retournés dans l'ombre de la ruelle et ont attendu et écouté.

"Il doit y avoir un coup de feu !" Jeff a éclaté. "Il n'aurait pas pu passer à travers." Il se tourna frénétiquement vers Bahr. "Est-ce qu'il aurait pu entrer au Centre ?"

"Sous quel prétexte ? Ils le jetteraient aux Mercy Men... ou à la trappe aux fous, l'un ou l'autre. Il savait qu'il ne fallait pas essayer." L'homme aux cheveux blonds se laissa tomber sur ses hanches et agrippa fermement son côté. "Il reviendra ou nous entendrons les tirs. Il n'a pas pu passer à travers."

Une voiture à réaction à trois roues s'est glissée sur le trottoir et un homme s'est approché d'eux, les yeux écarquillés. "Attrape le?"

Bahr fronça les sourcils. "Aucun signe. Et les autres garçons ?"

L'homme cligna des yeux. "Pas un murmure. Il n'a jamais atteint le bout du pâté de maisons."

"Avez-vous vérifié auprès de Klett et Barker ?"

"Ils n'ont vu personne ici."

Bahr jeta un coup d'œil brusque à Jeff. "Et les rues derrière ? Y a-t-il une chance de percée là-bas ?"

La voix de l'homme était neutre. "C'est hermétique. Il ne pouvait pas passer sans que quelqu'un ne le voie." Il recula vers la voiture et parla rapidement pendant un moment ou deux. "Rien pour le moment."

"Merde. Et Howie et les garçons à l'intérieur de la maison ?"

"Rien de leur part non plus."

Le visage de Jeff s'assombrit. "Le Centre Hoffman", dit-il lentement. "Il est entré au Centre, d'une manière ou d'une autre. Il a dû le faire."

"Il faudrait qu'il ait des qualifications médicales dorées pour pouvoir entrer après les heures normales. Là-bas, on ne plaisante pas. Et qu'est-ce que cela lui rapporterait ?"

Jeff regarda Bahr dans l'obscurité. "Peut-être qu'il voulait être jeté aux Mercy Men. Peut-être qu'il a pensé qu'en dernier recours, il se porterait volontaire et tenterait le Big Cash."

Bahr regarda le grand homme avec horreur. "Ecoute, Conroe est peut-être désespéré, mais il n'a pas perdu la tête. Mon Dieu, mec ! Il n'est pas fou."

"Mais il a peur."

" Bien sûr qu'il a peur, mais—"

"A quel point tu as peur ?"

Bahr haussa les épaules avec colère. "Il faudrait qu'il soit à bout de souffle pour prendre un pari pareil."

"Mais ils le prendraient. Ils ne poseraient aucune question. Ils l'engloutiraient ; *ils le cacheraient*, qu'ils le sachent ou non." La voix de Jeff monta d'excitation. "Écoutez. Nous le traquons depuis des années. Nous ne nous sommes jamais reposés; nous n'avons jamais arrêté. Il le sait et il sait pourquoi. Il me connaît. Il sait que je ne vais pas arrêter tant que je ne l'aurai pas. Et il sait que je l'aurai tôt ou tard. Je m'approche trop près ; je sape ses amis ; je me rapproche toujours. Partout où il va, tout ce qu'il fait, je suis sur lui. Et il sait quand je l'aurai, il mourra. Qu'est-ce que cela signifie ?

Bahr cligna des yeux en silence. Le visage de Jeff se durcit. "Eh bien, je vais vous dire ce que cela représente. Un homme peut en supporter tellement. Il peut glisser, se tordre, se cacher et continuer à bouger aussi longtemps. Puis il découvre qu'il n'y a plus de cachette. Mais il y a Il existe un dernier endroit où un homme peut se cacher – s'il est vraiment à bout de forces – et c'est les Mercy Men. Parce que là, il pourrait disparaître comme s'il n'avait jamais existé.

Ted Bahr a soigneusement allumé une fumée. "Si c'est là qu'il est allé, c'est fini, Jeff. Nous ne l'aurons jamais. Nous n'avons même pas besoin de nous inquiéter d'essayer. Parce que s'il est allé là-bas, il n'en ressortira plus jamais."

"Certains d'entre eux le font."

Bahr grogna. "Un sur un million, peut-être. Les chances sont si élevées qu'il est inutile d'y penser. Si Paul Conroe est allé chez les Mercy Men, alors il est mort. Et c'est tout."

Jeff remit brusquement son arme dans sa poche et se dirigea vers la voiture au bord du trottoir. « Gardez vos hommes là où ils sont », dit-il à Bahr. "Gardez-les là pour le reste de la nuit. S'il a trouvé une échappatoire, je veux le savoir. S'il est caché dans les bâtiments, il devra sortir un jour. Demandez à des hommes de fouiller les toits, et vous et Je peux commencer dans les ruelles. S'il est là-bas, nous l'aurons. Il redressa les épaules et le feu maussade revint dans ses yeux – un feu colérique et amer. "Et s'il va au Centre, nous l'aurons quand même."

Les yeux de Bahr étaient écarquillés. "Il ne sortira jamais s'il est allé là où tu penses, Jeff. Nous pourrions attendre des semaines ou des mois, voire des années, et nous ne le saurions toujours pas. Même s'il sortait, nous pourrions ne jamais le reconnaître."

"Je le reconnaîtrai", grogna Jeff, regardant le visage de Bahr. "Je vais le tuer. Je vais savoir qu'il est mort, parce que je le verrai mourir. Et je le tuerai si je dois le suivre au Centre pour le faire."

CHAPITRE DEUX

Le reportage retentit à l'oreille de Jeff Meyer depuis le petit autoradio. Les mots lui parvenaient, mais il les entendait à peine alors que ses yeux observaient les immenses portes vitrées du bâtiment administratif du centre médical Hoffman.

> ... aucune nouvelle n'a encore été reçue, mais on estime que les gouvernements eurasiens pourraient encore siéger pendant plusieurs heures pour tenter d'endiguer l'inflation. Sur le plan intérieur, la chute des marchés boursiers, résultant du nouveau projet de loi du Sénat sur la fiscalité hier, s'est stabilisée lorsque le secrétaire aux Affaires corporatives a annoncé ce matin que le gouvernement abandonnerait ses tentatives d'appliquer la nouvelle loi, du moins pour le moment. . Le secrétaire Barnes a déclaré qu'une étude plus approfondie du projet de loi serait entreprise lorsque les problèmes gouvernementaux les plus urgents auraient été résolus :

Jeff éteignit l'interrupteur avec un grognement. La rue qui passait devant le Centre était bondée. Des files de voitures entraient et sortaient du flux de circulation depuis les immenses niveaux de stationnement du Centre. Le bâtiment s'élevait haut, étage après étage. Ses murs brillaient de blanc sous la lumière du soleil du matin, reflétant les facettes brillantes de la lumière dorée provenant de milliers de fenêtres polies.

C'était un immense bâtiment, s'étendant sur six pâtés de maisons parfaitement aménagés, de grands arbres et des terrasses vertes et fraîches mettant en valeur la beauté scintillante de l'architecture. La structure envoyait tour après tour depuis la rue sombre en contrebas, et au pied des tours régnait un bourdonnement d'activité furieuse. Des camions de ravitaillement, transportant de la nourriture et des fournitures pour les vingt-deux mille lits et leurs personnes, ainsi que pour les treize mille personnes supplémentaires qui travaillaient jour et nuit pour faire fonctionner l'immense hôpital, se dirigèrent vers les plates-formes de déchargement.

Le centre médical Hoffman était un vieux rêve devenu réalité. Même ceux qui l'avaient conçu n'avaient pas réalisé l'immense besoin qu'il répondrait. Dès le début, aucune dépense n'a été épargnée. Les meilleurs architectes avaient érigé les tours de paroisse scintillantes, tournées vers le soleil, pour apporter de la lumière aux malades et aux blessés qui se reposaient et guérissaient à l'intérieur. Un équipement inégalé dans le monde avait rempli les salles d'habillage et de chirurgie du Centre. Les médecins, infirmiers, chercheurs et techniciens qui travaillaient dans l'institution étaient venus du monde entier. Et le monde entier avait reconnu au Centre Hoffman sa place de leader dans le domaine de la médecine, depuis que la première pierre avait été posée ce matin pluvieux du printemps de l'année 2085. Vingt-quatre ans s'étaient écoulés depuis ce jour, et au cours de ces années Au cours des dernières années, le Centre Hoffman n'a jamais faibli dans son leadership.

Les hommes dans la voiture étaient assis dans un silence de pierre. Finalement, Jeff Meyer remua et tendit brièvement la main à Ted Bahr. "Tu vas couvrir les choses ici ?"

"Ne t'inquiète pas pour ça." Bahr lui serra la main. "Eh bien, attends de tes nouvelles." Il regarda, presque avec nostalgie, l'homme énorme traverser la circulation et se diriger vers les grandes portes vitrées. Puis, avec un soupir, il appuya sur le bouton de démarrage et entraîna la petite voiture à réaction dans le flux de la circulation en direction de la ville.

Jeff Meyer s'est arrêté dans le grand hall animé et a regardé autour de lui presque avec admiration. Il n'était jamais entré dans le Centre Hoffman auparavant, même s'il en avait entendu parler à de nombreuses reprises et dans de nombreux endroits. Depuis qu'elle avait pris le service de l'immense métropole de Boston-New Haven-New York-Philadelphie, les journaux et la télévision regorgeaient d'histoires sur les opérations de sauvetage et de guérison qui s'étaient déroulées entre ses murs. La recherche sur les maladies, menée par des spécialistes de tous les domaines de la médecine, réunis pour la première fois au sein d'une seule agence, n'a cessé de surprendre le monde.

Mais il y avait eu d'autres histoires aussi – pas dans les journaux ou à la télévision, pas ces histoires-là. Ces histoires étaient venues de bouche à oreille : une ou deux phrases courtes, un rire nerveux, une plaisanterie ricanante, une rumeur, une histoire murmurée par un alkyste aux yeux écarquillés suspendu au-dessus d'un bar. Ce n'était pas le genre d'histoires auxquelles on croyait vraiment, mais celles qui laissaient perplexes.

Plusieurs dizaines de femmes vêtues de blanc se déplaçaient sur le sol de l'immense hall et parlaient tranquillement entre elles. Jeff renifla avec inquiétude. Il y avait dans l'air une odeur curieusement désagréable, une odeur de propreté presque malsaine et de conservation impeccable. Le hall était un véritable moulin à activité : les ascenseurs et les liaisons entre les bâtiments se terminaient ici ; les gens se déplaçaient rapidement, emportant avec eux l'air familier de hâte et de pression immense qui infectait le monde entier à l'extérieur.

Jeff observait, repérant le couloir menant aux principaux bureaux administratifs. Il voyait les ascenseurs monter et revenir constamment vers les immenses bureaux d'admission. Il remarqua le couloir qui menait aux logements du personnel. Il resta silencieux, ses yeux gris vifs sondant et observant prudemment. Il essaya d'imprimer dans son esprit une image indélébile de la disposition du bâtiment et fut presque abasourdi par l'agitation semblable à une ruche qui régnait dans les lieux. Il y avait une complexité dans les portes courbes et les couloirs brillamment éclairés.

Quelque part ici, il pourrait trouver Paul Conroe. Quelque part dans ce dédale de bâtiments et de passages se trouvait l'homme qu'il avait recherché. La logique le lui disait . Ils avaient passé la nuit à chercher toutes les alternatives possibles. Ses muscles lui faisaient mal et ses yeux étaient rouges à cause de l'insomnie, mais il y avait une lueur chaude et colérique dans son cœur. Il savait que c'était le seul endroit où Conroe aurait pu aller. Pourtant, l'endroit où il devait se cacher était un endroit dont Jeff n'avait entendu parler que par rumeurs, un endroit dont la mention comportait une demi-connaissance d'une richesse stupéfiante et d'une horreur presque indescriptible.

Quelqu'un lui tapota l'épaule. Il se tourna, surpris, pour faire face à un homme énorme et costaud au visage suspect et à l'uniforme gris. "Vous avez des affaires ici, monsieur, ou est-ce qu'on fait juste du tourisme ?"

Jeff se força à sourire. "Je ne sais pas où aller", dit-il sincèrement.

"Peut-être que tu devrais sortir alors. Pas de visiteurs avant cet après-midi."

"Non, je ne suis pas un visiteur. Je cherche la Banque des Volontaires. Les annonces disaient qu'il fallait venir dans les bureaux de l'administration..."

Le visage du garde s'adoucit un peu. Il pointa du doigt un couloir marqué RECHERCHE ADMINISTRATION. "Juste là-bas", dit-il. "Le bureau est la première porte à droite. L'infirmière s'occupera de vous."

Meyer se dirigea vers le couloir, son esprit tâtonnant avec les rumeurs et les bribes de connaissances partielles sur lesquelles il devait travailler : des histoires d'ivrognes tombant aux urgences et n'en sortant jamais ; des histoires de descentes silencieuses et rapides dans des maisons de stupéfiants, de personnes qui ne sont jamais arrivées aux commissariats de police.

Mais comment pourrait-il établir le bon contact ici ? « Administration de la recherche » recouvrait une multitude de significations. Il avait lu les annonces des volontaires Hoffman dans tous les bus, dans les hélicoptères, sur les routes. Les journaux et la télévision les diffusaient depuis des années. Meyer baissa les yeux sur ses chaussures non cirées et passa un doigt sur son menton volontairement mal rasé. À quoi s'attendraient-ils d'un bénévole ? Comment pourraient-ils détecter une fraude, un intrus ? Il frissonna en faisant face à la porte du bureau. Ce serait un pari, une terrible chance. Parce qu'avec toute cette autre publicité, aucune mention n'avait jamais été faite des Mercy Men.

Il jeta un coup d'œil en arrière, trouva le garde qui le regardait toujours et entra dans le bureau.

Plusieurs personnes étaient assises le long du mur. Un petit homme à l'apparence de souris, au crâne chauve et aux yeux fermés, venait de s'asseoir sur la chaise devant le bureau. Il attendit que la femme à l'allure guindée, coiffée d'un ridicule petit chapeau blanc, pose son stylo. Elle ne leva même pas les yeux lorsque Jeff s'assit, et elle continua à écrire pendant plusieurs minutes avant de tourner son attention vers le petit homme chauve. Puis elle leva les yeux et lui fit un sourire glacial. "Oui Monsieur?"

"Le Dr Bennet m'a demandé de revenir aujourd'hui", a déclaré le petit homme. "Suivi du travail de la semaine dernière."

"Votre nom s il vous plait?" La femme prit son nom et appuya sur le bouton d'un panneau devant elle ; un instant plus tard, une carte tomba dans une fente. Elle l'a vérifié, a fait une entrée et a fait un signe de tête à l'homme. "Le Dr Bennet sera prêt pour vous à onze heures. Vous trouverez des magazines dans le salon." Elle montra une autre porte et le petit homme disparut par là.

Une autre personne, une femme d'âge moyen, s'est déplacée pour prendre la place du petit homme devant le bureau. Jeff se sentit agité et jeta un coup d'œil à sa montre. Il était presque onze heures. Doit-elle bouger si lentement ? Rien ne semblait la presser. Elle travaillait de personne à personne, souriante, impersonnelle, un peu froide. Finalement, elle fit un signe de tête à Jeff, et il s'installa sur la chaise.

"Votre nom s il vous plait?"

"Tu n'as pas de carte sur moi."

Elle leva brièvement les yeux. "Un nouveau volontaire ? Nous sommes heureux de vous avoir, monsieur. Maintenant, si vous me donnez votre nom, je peux commencer à rédiger les papiers."

Jeff s'éclaircit la gorge et sentit son pouls battre dans son front. "Je ne sais pas exactement pourquoi je veux me porter volontaire", dit-il prudemment.

La femme sourit. "Nous avons un assez grand choix parmi lequel choisir. Il y a des distributions régulières de médicaments à base de mycine chaque semaine, les mardis et jeudis. Vous prenez le médicament par voie orale le matin et vous donnez des échantillons de sang à dix, deux et quatre heures. Beaucoup de nos nouveaux "

Jeff secoua la tête et se pencha en avant. Il la regarda directement dans les yeux. "Je ne pense pas que tu comprennes," dit-il doucement. "Je veux de l'argent. Beaucoup. Pas cinq ou dix dollars." Il baissa les yeux sur le bureau. "J'ai entendu dire que vous aviez d'autres types de travail."

Les yeux de la femme se plissèrent. "Il existe bien sûr des catégories de travail bénévole plus rémunératrices. Mais vous devez comprendre qu'elles sont mieux rémunérées car elles comportent un plus grand risque pour la santé du volontaire. Par exemple, nous avons mené des études de circulation avec des cathétérismes cardiaques. Nous payons une centaine de dollars pour cela, mais cela comporte un risque appréciable. Ou une ponction de la moelle sternale pour des analyses de sang. Habituellement, nous commençons...

"J'ai dit argent", dit Jeff implacablement. "Pas des cacahuètes."

Ses yeux s'écarquillèrent et elle le regarda pendant un long moment. C'était un regard étrange et pénétrant qui le transportait du visage jusqu'aux pieds. Son sourire s'effaça et ses doigts devinrent soudain nerveux. « As-tu une idée de ce dont tu parles ?

"Oui. Je parle des Mercy Men."

Elle se leva brusquement et disparut dans un bureau intérieur. Jeff attendit, tout son corps tremblant. Des gouttes de sueur perlaient sur son front et il sursauta visiblement lorsque la femme rouvrit la porte.

"Viens ici, s'il te plaît."

Alors il était sur la bonne voie. Il essaya de cacher l'excitation dans ses yeux alors qu'il s'asseyait dans la petite pièce. Il attendit, s'agitant. La femme a posé un petit téléphone sur le bureau et a appuyé sur plusieurs boutons en succession rapide. Le silence était presque intolérable pendant qu'il attendait, un silence vivant et vibrant. Finalement, un signal lumineux vacilla et elle décrocha le combiné.

"Dr Schiml ? Ici le bureau des bénévoles, docteur." Elle jeta un rapide coup d'œil à Jeff. "Il y a un autre homme ici pour te voir."

Meyer sentit son cœur battre à tout rompre. Il bougea sur sa chaise et commença à sortir une cigarette. Puis il s'est vérifié.

"C'est vrai", disait la femme en le regardant comme s'il était un spécimen biologique. "Je suis désolé, il n'a pas donné de nom... Dix minutes ? Très bien, Docteur, je vais le faire attendre." Sur ce, elle raccrocha le combiné et quitta la pièce sans un mot.

Jeff s'est levé, a étiré ses jambes et a regardé autour de la pièce. C'était petit, avec juste un bureau et deux ou trois chaises. De toute évidence, cela servait en quelque sorte de salle de conférence. Un mur contenait le panneau de boutons de classement ; un autre tenait le téléphone et le visiophone . Au-dessus de l' écran du visiphone , un grand panneau lumineux annonçait la date en lettres noires et nettes : 32 avril 2109. En dessous, la petite horloge à transistor venait de changer pour indiquer 11h23. Presque midi. Et chaque minute qui passait, sa proie s'éloignait de plus en plus.

Il jeta un coup d'œil par la fenêtre aux étages croissants des bâtiments. De l'autre côté de la cour s'élevaient les premières tours de garde. D'un côté se trouvaient une série de structures longues et basses dotées de lucarnes. Il s'agissait peut-être des cuisines ou des bâtiments d'entretien. Il y en avait des dizaines, chacun d'entre eux pouvant cacher Paul Conroe. Jeff serra les mains jusqu'à ce que les ongles lui mordent les paumes. Il regarda les bâtiments. Conroe pourrait être n'importe où là-bas. *Un autre homme avait déjà vu le Dr Schiml ....*

Une porte claqua derrière lui et il se tourna brusquement. Un homme entra dans la pièce et ferma la porte derrière lui. Souriant, il se dirigea vers le bureau. Meyer hocha la tête et regarda l'homme. Il ressentit une sensation de serrement au creux de l'estomac. Pendant un bref instant, le médecin avait attiré son attention et Jeff sentit tout ce qu'il avait prévu de dire s'effondrer comme de la poussière autour de lui.

L'homme ne ressemblait guère à un médecin, même si sa veste blanche était impeccable et qu'un stéthoscope sortait de sa poche latérale. Il était grand et mince, presque cinquante ans, avec des joues rondes et roses et un petit nez camus qui semblait complètement déplacé sur son visage.

Un homme d'apparence inoffensive, pensa Jeff, à l'exception de ses yeux. Mais ses yeux… c'étaient les yeux les plus perçants et les plus pénétrants que Jeff ait jamais vu. Et ils le surveillaient. Tout à fait indépendants du visage souriant, ils observaient chacun de ses mouvements, l'étudiant. Les yeux étaient pleins de sagesse, mais ils étaient aussi teintés de prudence.

Le médecin s'assit et fit signe à Jeff de s'asseoir face au bureau. Il poussa un étui à cigares sur le bureau.

Jeff hésita, puis en prit un. "Je pensais que c'était légèrement illégal", a-t-il déclaré.

Le docteur sourit. "Un peu. Merci à nous, comme vous le savez probablement. Nous avons fait l'essentiel du travail ici sur la fumée de tabac et le cancer — en fait, nous avons fait adopter une législation à ce sujet." Il s'adossa facilement à sa chaise tout en allumant son propre cigare. " Pourtant, une fois de temps en temps ne fera pas trop de mal. Et rien de tel qu'une bonne cigarette pour faire parler des choses. Au fait, je m'appelle Roger Schiml . Je n'ai pas compris votre nom. "

"Meyer", a déclaré Jeff. "Jeffrey Meyer."

Les yeux du docteur se plissèrent d'un air interrogateur. "J'espère que ma copine ne vous a pas trop dérangé. C'est elle qui concentre l'essentiel du travail bénévole ici, comme vous le voyez. Puis, de temps en temps, il arrive des cas où elle préfère me confier." Il fit une pause pour un moment. "Des cas comme le vôtre, par exemple."

Jeff cligna des yeux, son esprit s'emballant. Il faudrait jouer, pensa-t-il, vraiment jouer pour tromper cet homme. Le visage était faussement jeune et bienveillant, presque complaisant. Mais ses yeux étaient loin d'être jeunes. C'étaient de très vieux yeux. Ils avaient vu plus que ce que les yeux devraient voir. Ils n'ont rien manqué. Pour tromper un homme avec des yeux pareils, Jeff prit une profonde inspiration et dit : "Je veux rejoindre les Mercy Men."

Dr Schiml s'écarquillèrent très légèrement. Pendant un long moment, il ne dit rien, se contentant de fixer l'homme énorme devant lui. Puis il a dit : "C'est intéressant. C'est aussi très curieux. Le nom, je veux dire - oh, je peux comprendre l'attrait qu'une telle idée peut avoir pour les gens, mais le nom qui est devenu si populaire - ça me laisse perplexe. 'Mercy Men.' ' Cela vous donne un sentiment curieux, n'est-ce pas ? Cela évoque des images mentales de beaux jeunes stagiaires combattant les forces du mal et de la mort, de héros courageux donnant tout pour le vol ascendant de l'humanité – toutes ces ordures, vous savez. Les yeux se durcirent tout à coup. "Où avez-vous entendu parler des Mercy Men, je me demande ?"

Jeff haussa les épaules. "Le mot existe depuis un bon moment. Un extrait par-ci, une histoire par-là, même si ce n'est pas trop ouvertement annoncé."

Le Dr Schiml le regarda droit dans les yeux. "Et supposons que je vous dise qu'il n'existe aucune organisation de ce type, ni ici ni ailleurs sur Terre, à ma connaissance ?"

Un sourire crispé apparut sur le visage de Jeff. "Je te traiterais de menteur de classe A."

de Schiml se haussèrent. "Je vois. C'est un grand mot. Peut-être que vous pouvez le soutenir."

"Je peux. Il y a des Mercy Men ici. Il y en a depuis plusieurs années."

"Tu en es sûr."

" Tout à fait . J'en connais un. C'était un rameur qui avait un goût pour la morphine lorsque je l'ai rencontré pour la première fois – un appétit de champagne pour accompagner ses revenus de bière. Puis il a été retiré de la circulation pendant environ six mois. Maintenant, il a un " Il s'installe dans les Catskills, avec plusieurs milliers de dollars en banque. Bien sûr, il utilise cet argent pour nourrir plusieurs centaines de chats dans son sous-sol. " Les yeux de Jeff se plissèrent. "Il n'a jamais beaucoup aimé les chats avant de partir d'ici. Il fait d'autres choses amusantes, rien de grave, bien sûr, mais étranges. Pourtant, il n'a plus besoin de drogue . "

Schiml sourit et joignit les doigts. "Ce serait Luke Tandy. Oui, Luke était un peu différent quand il est parti, mais le travail a été satisfaisant et nous avons payé."

"Oui," dit doucement Jeff. "Cent cinquante mille dollars. Du cash en jeu. À lui ou à ses héritiers. Il a eu de la chance."

" Alors, qu'est ce que tu fais ici?"

"Je veux aussi cent cinquante mille dollars."

Les yeux du médecin rencontrèrent carrément ceux de Jeff. "Et tu es aussi un menteur."

Jeff rougit. "Que veux-tu dire-"

"Ecoute, mettons les choses au clair tout de suite. Ne me mens pas. Je t'attraperai à chaque fois." Les yeux du docteur étaient durs. "Je vois un homme qui a bien mangé depuis longtemps, qui porte des vêtements sales mais chers, qui ne boit pas, qui ne se drogue pas, qui est jeune, fort et capable. Il me dit qu'il veut rejoindre les Mercy Men. pour de l'argent. Il me ment. Maintenant, je vais te le demander à nouveau : pourquoi es-tu ici ?"

"Pour de l'argent. Pour cent cinquante mille dollars."

Le docteur soupira et se pencha en arrière. "Très bien, peu importe. Nous y reviendrons plus tard, je suppose. Mais je pense que vous feriez mieux de comprendre certaines choses. Ce n'est pas un hasard si vos informations sur les Mercy Men sont si vagues. Nous avons pris soin de garder Il en est ainsi, bien sûr. Plus les histoires sont vagues, moins nous avons à affronter de curieux et de curieux. De plus, plus les histoires sont désagréables, plus les gens seront désespérés avant de venir chez nous. C'est ce que nous souhaitons particulièrement ... Parce que le travail que nous faisons ici nécessite le bénévolat d'un homme très désespéré.

Tout en parlant, le médecin sortit un jeu de cartes du bureau et commença à les feuilleter nerveusement entre ses doigts. Les yeux de Jeff les croisèrent et un frisson lui parcourut le dos. C'étaient des cartes curieuses, pas des cartes classiques. Ceux-ci étaient plus petits, avec un système de marquage particulier en rouge vif sur les faces blanches. Jeff frissonna et il était perplexe face au froid qui s'emparait de son corps. Il remua sur sa chaise avec une tension croissante et essaya de détourner son regard des cartes.

Le médecin éteignit son cigare, se pencha en arrière sur la chaise, lança un fusil aux cartes et regarda Jeff attentivement. "Nous avons fait beaucoup ici depuis l'ouverture du Centre - un travail basé sur des années de recherche de base. Il y a un siècle ou plus, il y avait de terribles problèmes médicaux à résoudre : la polio était alors une tueuse ; ils n'avaient aucune idée de la lutte contre le cancer ; ils " Nous avons été confrontés à un taux de mortalité effroyable dû aux maladies cardiaques. Toutes ces choses sont désormais vaincues, une chose du passé. Mais à mesure que les anciens tueurs ont quitté, de nouveaux ont pris leur place. Regardez la demi-douzaine de fléaux NVI que nous avons eu ces dernières années, des infections virales neurotoxiques qui ont commencé à apparaître de nulle part il y a vingt ans. Regardez les alkysikiques que vous voyez dans tous les bars aujourd'hui, un type complètement nouveau d'alcoolisme-psychose que nous n'avons même pas pu comprendre. décrire, et encore moins guérir. Regardez les statistiques sur les maladies mentales, qui augmentent en progression géométrique presque chaque année.

Le grand docteur se leva et se dirigea vers la fenêtre. "Nous ne savons pas pourquoi cela se produit, mais c'est le cas. Quelque chose est en marche, quelque chose d'horrible et de maléfique parmi les gens. Quelque chose qui doit être arrêté." Il lança un coup sec aux cartes et les jeta sur le bureau avec un soupir. "Nous ne pouvons pas l'arrêter tant que nous ne savons pas quelque chose sur le cerveau humain et comment il fonctionne, pourquoi il fait ce qu'il fait et comment. Nous ne comprenons même pas complètement la structure du système nerveux, et encore moins sa fonction. " Et nous avons appris tout ce que nous pouvions des chats, des chiens et des singes. Toute étude plus approfondie du cerveau d'un singe nous donnera sans aucun doute un aperçu approfondi des névroses et des complexes des singes. Mais cela ne nous apprendra rien de plus sur les hommes . ". Sa voix était très douce. "Vous pouvez voir où cela mène, je pense."

Jeff Meyer hocha lentement la tête. "Il faut des hommes", dit-il.

"Nous avons besoin d'hommes. Des hommes pour étudier. Aussi cruel que cela puisse paraître, des hommes pour expérimenter. Nous ne pouvons plus apprendre d'aucune autre variété d'animaux expérimentaux. Mais il y a des problèmes. Jouez avec le cerveau d'un homme et Il est probable qu'il meure assez brusquement, qu'il soit dérangé ou qu'il devienne violemment fou. La plupart des travaux, aussi bien planifiés soient-ils, aussi sûrs que nous soyons quant aux résultats, aussi sûrs qu'ils paraissent, se sont révélés complètement imprévisibles. du travail et de nombreux résultats ont été assez horribles. Mais nous progressons, lentement — mais des progrès néanmoins. Le travail continue donc .

"Cela n'a pas été très populaire. Aucun homme sensé ne se porterait volontaire pour un tel travail. Nous avons donc embauché des hommes. Pour le travail le plus véritablement altruiste au monde, nos travailleurs viennent avec les motivations les plus mercenaires : nous payons pour leurs services et nous payons bien. Cent mille dollars est une somme modique, à notre échelle. Nous avons le gouvernement derrière nous. Le ciel est la limite, si nous avons besoin d'un homme pour un travail. L'argent est payé, lorsque le travail est achevé, soit à l'homme lui-même, soit à ses héritiers. Vous voyez pourquoi le nom qu'ils se sont donné est si curieux : Mercenaires médicaux, les « Hommes de la Miséricorde ». C'est pourquoi un homme doit être désespéré de venir vers nous. C'est pourquoi nous devons faire très attention à qui nous rejoint et pour quels motifs.

Jeff Meyer regardait ses mains et attendait dans le silence de la pièce. Ses yeux se tournèrent une fois de plus vers les curieuses cartes, et le frisson de la peur le parcourut comme une brise épouvantable. C'était un port de dernier recours, une route qui pouvait se terminer dans l'horreur et la mort. Ted Bahr avait dit que cela n'en valait pas la peine – que Conroe ne s'en sortirait jamais vivant – mais il savait que Conroe le pouvait. Et il connaissait suffisamment Conroe pour savoir qu'il le ferait.

Jeff sentit la vieille amertume et la haine gonfler dans son esprit, et ses mains tremblaient alors qu'il s'asseyait. Il avait depuis longtemps abandonné sa vie telle qu'il l'avait connue, s'est débarrassé du vernis de vie civilisée qu'il avait acquis, pour traquer Paul Conroe et le tuer. Il n'y avait rien d'autre dans sa vie qui comptait. Cela avait été une chasse longue et exténuante, le traquant, le suivant, l'étudiant, retraçant ses mouvements et ses habitudes, complotant piège après piège, poussant l'homme au désespoir. Mais rien n'indiquait, à aucun moment, que Conroe se lancerait dans un pari aussi désespéré que celui-ci.

Mais il devait savoir que, autrement, la mort était inévitable. Ici, il pourrait être changé. Il pourrait bien sûr disparaître de la surface de la Terre dans l'oubli d'une mort tranquille, mais il pourrait aussi en ressortir indemne et vivre dans la richesse pour le reste de sa vie, méconnaissable et en sécurité.

Jeff Meyer leva les yeux vers le médecin et ses yeux étaient durs. "Je n'ai pas changé d'avis", a-t-il déclaré. "Que faut-il faire pour adhérer ?"

Le Dr Schiml soupira et se tourna avec résignation vers le panneau des dossiers. "Il y a des tests qui sont nécessaires et des règles à respecter. Vous serez confiné et enrégimenté. Et une fois que vous êtes affecté à un travail et que vous signez une quittance, vous y êtes." Il se pencha en avant et appuya sur le bouton du visiphone . Tapotant négligemment ses doigts sur le bureau, il attendit qu'une image clignote et s'efface sur l'écran. "Blackie," dit-il avec lassitude. « Mieux vaut envoyer le Méchant Français ici. Nous avons une nouvelle recrue. »

Le visiphone s'est éteint et Jeff s'est assis, figé sur son siège, son pouls palpitant dans son cou, chaque nerf de son corps hurlant d'excitation. Le visage sur l'écran était clairement visible depuis un moment : un visage pâle avec de grands yeux gris, un visage de femme entouré de cheveux noirs flottants. C'était un visage qui restait gravé de manière indélébile dans sa mémoire. Il appartenait à la jeune fille qui avait dansé la veille au feu rouge.

CHAPITRE TROIS

Cela ne faisait aucun doute. Elle était la fille de la boîte de nuit, la danseuse aux cheveux noirs flottants et au sourire de masque, qui l'avait conduit à Conroe puis avait braqué les projecteurs sur son visage pour lui ouvrir le piège trop tôt. Frénétiquement, Jeff luttait pour contrôler son excitation. Il savait que son visage était blanc et il évita le regard perplexe du médecin. Mais il ne pouvait pas contrôler le feu de colère qui brûlait dans son esprit, la petite voix qui criait : " *Il est là ; il est là, quelque part !* "

Mais pourquoi était-elle ici ? Le médecin l'avait surnommée « Blackie ». Il lui avait parlé avec familiarité. L'esprit de Jeff tournait. Il avait le sentiment le plus étrange qu'il avait raté quelque chose quelque part, qu'il connaissait la réponse mais ne parvenait pas à la saisir. Que pourrait impliquer l'apparition soudaine de la jeune fille au Centre ?

Ou bien son apparition dans la boîte de nuit avait-elle été inhabituelle ?

Une sonnerie retentit et la porte du bureau s'ouvrit pour laisser entrer un petit homme au visage de fouine. Le médecin leva les yeux et sourit. "Bonjour, Jacques. Voici Jeff Meyer, la nouvelle recrue. Descendez-le et cantonnez-le, d'accord ? Et vous pourriez le briefer un peu. Il est terriblement vert."

Le petit homme se gratta le long nez et regarda Jeff avec un sourire méchant. "Un nouveau, hein ? Où vas-tu l'aligner ?"

"On ne le sait pas. Nous verrons d'abord où les tests le mènent. Ensuite, nous parlerons d'emploi."

Le sourire s'élargit sur le visage du petit homme, baissant le bout de son long nez pointu et révélant une rangée de dents jaune sale. Ses yeux parcoururent Jeff de la tête aux pieds. "Un gros aussi. Mais ensuite, ils tombent aussi fort que les autres. Tu veux que je l'abatte tout de suite ?"

Schiml hocha la tête. "Peut-être qu'il peut encore déjeuner." Ses yeux se tournèrent vers Jeff. "C'est le Méchant Français", dit-il en désignant le petit homme avec son pouce. "Il est là depuis longtemps ; il peut vous montrer les ficelles du métier. Et ne le laissez pas trop vous déranger — son sens de l'humour, je veux dire. Comme je l'ai dit, il est ici depuis longtemps. Vous allez obtenez des logements et vous devrez rester avec votre groupe pour les repas et tout le reste. Cela signifie aucun contact en dehors de l'hôpital tant que vous êtes ici. Vous recevrez les reportages quotidiens, et il y aura des magazines et des livres dans " La bibliothèque. Si vous avez d'autres affaires à l'extérieur, vous n'avez rien à faire ici. Chaque fois que vous quittez le

Centre, cela est automatiquement considéré comme une rupture de contrat.
"

Il s'arrêta un long moment et lança à Jeff un regard étrange, presque un demi-sourire . "Et tu constateras que les questions ne sont pas appréciées ici, Jeff. N'importe quel genre de questions. Les hommes n'aiment pas trop les gens quand ils posent des questions."

Le Méchant Français remua nerveusement les pieds et Jeff se dirigea vers la porte. Puis le petit homme se tourna vers le Dr Schiml . "Ils ont ramené Tinker de la table il y a une dizaine de minutes. Il est en assez mauvais état. Peut-être que tu devrais le regarder ?"

"C'était le gros travail aujourd'hui, n'est-ce pas ?" Les yeux de Schiml étaient perçants. "Qu'a dit le Dr Bartel ?"

" Il a dit pas de dés. C'était un fiasco."

"Je vois. Eh bien, c'est peut-être juste le diodrax qui s'estompe maintenant, mais je viendrai voir."

Le Méchant Français grogna et se tourna vers Jeff. Son visage arborait toujours ce petit sourire méchant. "Allons-y, grand garçon", dit-il avant de se diriger vers le couloir.

Jeff observait les couloirs qui passaient, les comptant un par un, essayant désespérément de rester orienté. Il jeta un coup d'œil à sa montre et retint son souffle avec colère. Des minutes s'écoulaient, des minutes précieuses, des minutes qui pouvaient être synonymes de succès ou d'échec. Mille questions envahissaient son esprit, et derrière elles se trouvait la jeune fille. Elle était la clé, il en était sûr. Elle saurait où se trouvait Conroe, où il pouvait être trouvé...

Ils ont atteint un ascenseur, sont montés à bord et ont abattu à une vitesse si vertigineuse que Jeff a failli s'étouffer. Puis, soudain, ils s'arrêtèrent en secousses et entrèrent dans un couloir gris et sombre, faiblement éclairé par des ampoules nues au plafond.

Le Méchant Français appuya sur un bouton dans le mur et se tourna vers Jeff. Le petit sourire narquois était toujours sur ses lèvres alors que le grondement lointain d'un jitney se transformait en un cliquetis aigu. Une petite voiture est tombée de son rail au plafond. Le petit homme sauta agilement et fit signe à Jeff de se placer à côté de lui. Puis la voiture repartit vers le plafond, se balançant follement et dévalant à toute vitesse le dédale de couloirs et de virages.

Jeff remua avec inquiétude, devenant de plus en plus confus à chaque tour. « Écoutez, » s'écria-t-il finalement, « où est-ce que cette chose nous mène ?

Le Méchant Français tourna vers lui des yeux pâles. « Tu es inquiet ou quoi ?

"Eh bien, on dirait que nous nous dirigeons vers le centre de la Terre. J'aimerais pouvoir retrouver mon chemin un jour—"

"Pourquoi?"

La question était si brutale qu'elle laissa la mâchoire de Jeff affaissée pendant un moment. "Eh bien, je n'ai pas l'intention de passer le reste de ma vie ici."

Le Méchant Français éclata de rire. Ce n'était pas un rire agréable. "Ici pour de belles vacances reposantes, hein ? Vous êtes tous pareils, les sages. Allez-y, rêvez, je ne vous dérangerai pas."

Le petit homme tourna son attention vers les commandes et la voiture vira brusquement vers la droite et se dirigea vers un autre couloir. Jeff fronça les sourcils en regardant les couloirs éclairés défiler. Allaient-ils trop vite, si profondément dans les profondeurs du bâtiment ? Ou bien cela faisait-il partie d'un plan précis visant à semer la confusion, à perdre les recrues dans cet endroit gigantesque si complètement qu'elles ne pourraient jamais trouver la sortie ? Finalement, Jeff haussa les épaules. Cela n'avait pas vraiment d'importance. Il avait un travail et un seul. Il pourrait s'inquiéter d'une évasion une fois celle-ci accomplie.

"Cette fille," dit-il finalement. "Le médecin l'appelait 'Blackie'. Est-elle là où nous allons ? »

"Comment puis-je le savoir ? Je ne la tiens pas en laisse." Le visage du petit homme s'assombrit et ses yeux se tournèrent vers Jeff avec méfiance.

« Je veux dire, fait-elle partie du groupe – un des Mercy Men ?

Le Méchant Français appuya brusquement sur un interrupteur, faisant dévier la voiture à toute vitesse dans un passage long et sombre. Il ignora la question, comme s'il ne l'avait pas entendue. Dans la pénombre, sa peau était jaune pâteuse et ridée comme celle d'une momie. La cruauté et l'avarice sur son visage étaient effrayantes.

Jeff l'observa pendant un moment ou deux, puis dit : « Qu'est-ce qui vous a amené ici ? Aux Mercy Men, je veux dire ?

Les yeux du Méchant Français brillaient d'un air venimeux, son visage formait un horrible masque. "Est-ce que je t'ai demandé ton raquette avant ton arrivée ?"

"Non."

"Alors ne me demande pas le mien. Et tu ne l'oublieras pas, si tu es intelligent." Il tourna brusquement son attention vers les commandes, ignorant Jeff pendant plusieurs instants. Finalement , il dit : "Vous partagerez une chambre et vous mangerez à huit, midi et six heures. Les examens devraient commencer demain matin à huit heures trente. Vous serez dans votre chambre lorsque les médecins viendront vous chercher. Vous gagnerez". Vous n'aurez aucun statut ici jusqu'à ce que vous ayez passé le test. Ensuite, vous signerez une décharge et attendrez une affectation de travail. Vous n'aurez pas le choix du travail ; c'est juste pour les plus âgés. Une partie du travail concerne le système nerveux central. Certains travaux sont axés sur le système sympathique, certains travaux se concentrent sur la moelle épinière et ses périphériques, mais l'essentiel de l'intérêt de nos jours porte sur les lésions corticales et leur réparation. "

"Et qu'est-ce qu'un assez bon risque ici ?"

Le sourire réapparut sur le visage du petit homme. C'était presque sauvage dans sa cruauté. " Dix pour cent de guérison complète est un bon risque. Cela signifie une guérison complète du travail, pas d'infection secondaire, une récupération complète des facultés – en d'autres termes un succès complet dans le travail. Alors un risque assez bon est légèrement inférieur – plus de victimes, peut- *être* . cinq pour cent de récupération. Et un emploi à haut risque en moyenne deux pour cent... "

Le sourire s'élargit. "Vous avez de meilleures chances de vivre sous une bombe atomique, mon ami. Et une fois que vous avez signé une décharge, déchargeant l'hôpital et les médecins de toute responsabilité, vous êtes partie prenante et vous êtes tenu de respecter votre contrat par la loi. Ceci ce n'est pas des vacances, mais si vous avez la chance d'y arriver... » Les yeux du petit homme brillaient d'impatience. "Ils rapportent – oh, comme ils rapportent. Si vous avez de la chance, vous obtiendrez un bon démarreur, peut-être cent mille, avec de bons risques." Il se gratta le nez et regarda Jeff attentivement. "Bien sûr, il y a aussi des rétablissements incomplets. Ils ont du mal à les tenir à l'écart de l'actualité, s'ils partent un jour. C'est assez compliqué, parfois aussi."

Jeff sentit son visage pâlir devant l'empressement cruel dans la voix du petit homme. Qu'est-ce qui pourrait amener un homme dans un endroit comme celui-ci, surtout ce genre d'homme ? Ou était-il un homme différent avant son arrivée ? Depuis combien de temps était-il là, attendant d'expérience en expérience, attendant de vivre ou de mourir, attendant la récompense, le Big Cash qui attendait à la fin d'un travail ? Que pourrait faire une telle existence à un homme ? Qu'est-ce qui pourrait bien le pousser à avancer ? Jeff frissonna, puis haleta lorsque la voiture fit une embardée soudaine dans un virage et s'installa au sol.

Le Méchant Français sauta et fit signe à Jeff de le suivre. Ils commencèrent à marcher vers l'escalier roulant au bout du passage. Jeff fouilla chaque porte qu'ils passèrent, restant attentif à un signe de la femme aux cheveux noirs. "Ecoute," dit-il finalement. « Cette fille – Blackie, je veux dire – qui est-elle ?

Le Méchant Français s'arrêta net et lança un regard noir à Jeff. "Qu'est-ce qu'elle est, une vieille amie de la famille ou quelque chose comme ça ? Tu n'arrêtes pas de poser des questions sur elle."

"Je la connais de quelque part."

"Alors pourquoi m'embêter avec tes questions ?"

Le visage de Jeff s'assombrit de colère. "Je veux la voir, d'accord ? Ne sois pas si nerveux—"

Le petit homme se tourna vers lui comme un chat. Le bras de Jeff fut tordu derrière son dos jusqu'à ce qu'il sente les tendons se déchirer. Avec une force incroyable, le Méchant Français plaqua l'énorme homme contre le mur et le regarda avec des yeux flamboyants. "Tu es un gars intelligent, tu viens ici et tu poses des questions," grogna-t-il, donnant une violente torsion au bras de Jeff. "Tu penses que tu peux me tromper ? Tu poses des questions sur ceci, tu poses des questions sur cela - pourquoi si curieux ? Blackie... moi... tout. Que fais-tu ici ? Poursuivre le Big Cash ou poser des questions ?"

"L'argent!" Jeff haleta. Il se tourna pour se libérer de la poigne de fer.

"Alors ne posez pas de questions ! Nous n'aimons pas les gens curieux ici ; nous aimons les gens qui lancent les dés et s'occupent de leurs propres affaires." Le petit homme donna au bras une dernière traction angoissante et le relâcha. Il recula d'un bond, posé, les yeux sauvagement impatients.

Tous ses instincts criaient à Jeff de se précipiter sur lui, mais il s'effondra contre le mur. Frottant son bras douloureux, il lutta pour reprendre le contrôle. Il savait qu'un combat maintenant pourrait complètement gâcher les choses. Il avait déjà fait une terrible gaffe. Il jura dans sa barbe. Comme il avait été stupide de ne pas se rendre compte à quel point les questions seraient impopulaires auprès des gens dans un endroit comme celui-ci. Et la nouvelle parviendrait sûrement à la jeune fille maintenant qu'il posait des questions sur elle. À moins qu'il ne puisse la trouver en premier...

Se frottant toujours douloureusement les coudes, il se tourna vers le Méchant Français. "D'accord, laisse tomber," grogna-t-il. "Où allons-nous à partir d'ici?"

La pièce était petite et stérile. Lugubre et gris, il correspondait parfaitement à l'esprit de Jeff. Il y entra avec le Méchant Français sur ses talons et regarda les deux lits d'hôpital austères contre le mur du fond, les deux casiers à pieds, les deux petits ensembles bureau et chaise. Il n'y avait pas de fenêtre dans la pièce. En effet, rien dans la pièce ou dans le couloir ne prouvait qu'ils ne se trouvaient pas à trente kilomètres sous terre. Certes, le trajet en jitney n'avait pas été une assurance du contraire.

Les faibles appliques murales brillaient sur la peinture récurée et écaillée, et le sol était recouvert d'un tapis en plastique propre mais bien usé. Contre un mur se trouvait un téléviseur. Entre les lits, une porte donnait sur des toilettes compactes et une douche. En jetant un coup d'œil, Jeff vit que les toilettes étaient également reliées à la pièce voisine.

"Ce n'est pas un Grand Hôtel", dit amèrement le Méchant Français. "Mais c'est propre et c'est un lit. Ce couloir abrite toute votre unité, l'unité C. D'autres unités sont à d'autres étages, de haut en bas."

Jeff regarda sombrement autour de la pièce. "Où puis-je manger ?"

"Le réfectoire est quatre étages plus bas. Prenez l'escalator au bout du couloir. Il ferme dans une demi-heure, alors vous feriez mieux de monter dessus. Et si vous êtes malin, vous n'allez pas vous promener. Ces les garçons en gris que vous voyez ici et là ne nous aiment pas beaucoup. Son visage se plissa en un sourire sardonique alors qu'il se dirigeait vers la porte. "Et tu ferais bien de changer avant de descendre. Plus vite les gens cesseront de penser que tu es nouveau ici, plus tu seras heureux." Sur ce, il se retourna et disparut dans le couloir.

Jeff poussa un soupir et parcourut la pièce. L'un des casiers à pied contenait un incroyable assortiment de vêtements propres et sales. Sur le sol gisait un grand tas de chemises et de pantalons sales, et au centre de la pile se trouvait un tas de bagues en or et de montres-bracelets. Jeff cligna des yeux, n'en croyant pas vraiment ses yeux. Il n'avait pas pensé à poser des questions sur son colocataire, mais apparemment il en avait un qui n'avait pas encore fait son apparition.

Apparemment , tout le monde portait des vêtements similaires. Il trouva l'autre casier rempli de chemises et de salopettes propres. Rapidement, il commença à changer, son esprit s'emballant. Son corps était endolori partout et il ressentait une sensation de chaleur et de sécheresse autour de ses oreilles à cause du manque de sommeil. Son bras lui faisait terriblement mal à chaque fois qu'il le bougeait. Si seulement il pouvait dormir un petit moment. Mais il savait qu'il n'y avait pas de temps à perdre. Dans le réfectoire, il y aurait encore du monde. Quelque part parmi eux, il trouverait la fille....

Il réfléchit attentivement au problème. La fille était la clé. Il devait la retrouver, pour s'assurer que Conroe était là. Et il devait la retrouver rapidement, la surprendre, avant qu'elle ait une chance de trouver un alibi ou de se cacher. Conroe serait caché ; il ne se dévoilerait jamais tant qu'il ne serait pas sûr de n'avoir pas été suivi. Lui aussi doit être pris au dépourvu. Jeff avait vu Conroe sortir de trop de pièges dans le passé. Une erreur pourrait maintenant être la dernière. Et si Conroe avait le temps de planifier, il y aurait de très nombreuses erreurs.

Une voiture bourdonna dans le couloir alors qu'il se tenait dans la pièce et s'arrêta un peu à côté de la porte. Il y avait des voix, atténuées, mais qui portaient une note aiguë d'excitation frénétique. Jeff fit une pause, écoutant la combinaison de sons inconnus : un grognement, un juron sourd, un bruissement de conversation chuchotée, un sifflement sourd. Puis la porte de la pièce voisine s'ouvrit brusquement et un grondement et un grincement de roues parvinrent à ses oreilles.

"Bon sang, quel travail !"

"Ouais, ça n'a pas l'air bien. Le docteur l'a vu ?"

"Il a dit qu'il serait à terre—"

"... je dois laisser ça se dissiper avant de pouvoir le dire. C'était le travail, cette fois."

Jeff se dirigea tranquillement vers la porte des toilettes communicantes, les nerfs picotant. Un nouveau son était apparent, un son surnaturel de respiration laborieuse et gargouillante. Jeff frissonna. Il n'avait entendu un bruit pareil qu'une seule fois dans sa vie : dans une fusée pendant la guerre d'Asie, lorsqu'un homme avait été touché à la gorge par un éclat d'obus. Avec précaution, il poussa la porte d'un centimètre et regarda à travers...

Il y avait trois hommes debout dans la pièce, manœuvrant un homme – si c'était un homme – du chariot à quatre roues jusqu'au lit. La tête de l'homme était recouverte d'un bandage jusqu'aux épaules. Une tache de sang frais apparaissait près de la tempe et un tube en caoutchouc émergeait là où la bouche aurait dû se trouver.

"L'avoir fait descendre ? Mieux vaut le couvrir plus étroitement. Des dispositifs de retenue – il peut sauter partout. Doc a dit trois semaines pour que le choc se dissipe, s'il passe la nuit."

"Ouais – et c'est aussi une grosse somme pour Tinker. Harpo l'a presque devancé, mais Schiml lui avait promis…"

Jeff frémit. C'était donc l'un des Mercy Men, terminé par un « travail ». Le gargouillis devint plus fort, se mesurant à la respiration de l'homme – courte, superficielle, une mesure de mort. Une expérience avait été réalisée.

Jeff ferma la porte en silence. Son visage dans le miroir était d'un blanc pâteux et ses mains tremblaient. C'était là le facteur qui le tourmentait depuis le début, pour finalement faire surface. La route qu'il parcourait était une route à sens unique. Il devait retrouver Conroe et quitter la route rapidement, tant qu'il le pouvait. *Parce qu'il n'osait pas parcourir la route trop loin....*

L'air dans le couloir semblait plus frais alors que Jeff se dirigeait vers l'escalator. Il était presque deux heures et il se dépêcha, impatient d'atteindre le réfectoire avant qu'il ne ferme. Il combattit consciemment l'image de l'homme sur le lit pour la chasser de son esprit. Avec effort, il concentra à nouveau son attention sur la jeune fille. Au bout du couloir, il monta sur l'escalier roulant grinçant qui descendait.

Si seulement il pouvait vérifier auprès de Ted Bahr, s'assurer que la piste s'était bien terminée au Hoffman Center, s'assurer que Conroe n'était pas vraiment quelque part dehors, toujours caché, toujours en train de courir. Une chose semblait certaine : si Conroe était vraiment là, lui aussi serait confronté aux tests et à la classification ; lui aussi emprunterait le même chemin sinistre que Jeff lui-même. Et en tant que nouveau venu, lui aussi serait soupçonné et surveillé.

Jeff s'est arrêté net lors d'un atterrissage. Il se rendit soudain compte qu'il avait perdu le compte des vols qu'il avait abattus. Il se retourna pour vérifier ses repères, puis se dirigea vers les escaliers qui montaient. L'escalier roulant grinçait et gémissait, comme si chaque virage était le dernier, et Jeff regardait rêveusement le mur en mouvement, attendant – jusqu'à ce qu'il passe le puits ouvert menant à l'escalier opposé.

Il se figea, son esprit hurlant. Incapable de bouger, il fixait le visage pâle et effrayé de l'homme dans l'escalier qui descendait. Pendant les brèves secondes qu'ils passèrent, il resta cloué au sol, paralysé, incapable de crier. Puis, avec un cri rauque, il se retourna. Mi-trébuchant, mi-tombé, il dévala les escaliers jusqu'à atteindre l'ouverture.

Puis il sauta par-dessus la barrière, s'écrasant son épaule contre le mur en passant. Il aperçut la silhouette grande et élancée qui courait du bas des escaliers jusqu'au couloir du bas, et il cria à nouveau dans un accès de rage aveuglante. Il fit les pas trois à la fois, l'esprit engourdi par la douleur tandis que son pied heurtait le sol solide et se tordait, l'envoyant s'étaler sur le visage. En un instant, il se releva et courut frénétiquement, aveuglément, jusqu'au bout du couloir.

Il s'est brisé en deux couloirs, partant en Y. Tous deux étaient sombres et tous deux vides. Jeff restait haletant, criant presque de rage, tout son corps tremblant. Il s'engagea aveuglément dans un couloir, ouvrit brusquement une porte et regarda le petit bureau vide. Il essaya une autre porte, puis une autre. Puis il se retourna et courut vers le Y, tourna au coin et courut pêle-mêle dans le deuxième couloir. Seuls ses propres pas désespérés lui répondaient dans l'obscurité.

De retour au Y, il s'est effondré au sol. Toujours haletant, il sanglotait de rage, serrant les poings alors qu'il tentait de reprendre le contrôle de son esprit tournoyant. Il y avait de la rage – oui, de la haine et une amère frustration. Mais aussi, déferlant dans son esprit dans une cadence sauvage et exaltée, il y avait un cri de joie sauvage, pure et incohérente. Parce qu'il savait désormais, sans l'ombre d'un doute, que Paul Conroe faisait partie des Mercy Men.

Il leva brusquement les yeux vers les deux silhouettes qui s'approchaient de lui depuis le couloir éclairé. L'un d'eux tenait un petit pistolet mortel pointé sur sa poitrine. L'autre, un homme énorme et costaud, se pencha et pointa le visage de Jeff vers la lumière. "Quelle est ton unité ?" grinça la voix dure.

Jeff aperçut le tissu gris de la veste de l'homme, la ceinture noire d'aspect officiel sur son épaule. "Unité C," haleta-t-il.

Le coup l'atteignit en plein menton, lui faisant tourner la tête avec une secousse. "Un gars malin, qui se promène sans laissez-passer", grogna la voix. « Vous, ces putains de jaunes, pensez que c'est vous qui dirigez cet endroit, n'est-ce pas ? Un autre coup le frappa derrière l'oreille, et un poing le frappa violemment au creux de l'estomac. Alors qu'il se plia en deux à cause des haut-le-cœur, un coup violent lui frappa le menton et il sentit le sang dans sa bouche alors que ses genoux pliaient sous lui.

Il les sentait vaguement, moitié le portant, moitié l'entraînant dans le couloir. Il entendit une porte s'ouvrir et tomba face contre terre. Une voix dure dit : « Voici ton colocataire, scut. Gardez-le à la maison à partir de maintenant. Et la porte claqua derrière lui.

Péniblement, il se releva sur ses mains, secoua la tête d'un air hébété.

"On dirait que tu es malade ou quelque chose comme ça." La voix venant du lit était dure et insolente.

Péniblement, Jeff releva la tête et regarda fixement. La jeune fille cligna des yeux froidement et sortit une cigarette épuisée de sa chemise en coton bleu. Elle fit tourner une allumette avec son pouce et éteignit la fumée. Puis elle regarda Jeff d'un air moqueur. "Désolé, Jack," dit la fille appelée Blackie. "Mais on dirait que nous sommes des colocataires. Alors autant s'habituer à l'idée."

CHAPITRE QUATRE

Quelque chose explosa alors dans le cerveau de Jeff, quelque chose qu'il ne pouvait pas plus contrôler que la haine rampante et vicieuse de Paul Conroe qui l'animait depuis si longtemps. La musique tintante et métallique de la taverne hurlait dans son esprit ; l'image indélébile de la silhouette déviée et giratoire : les longs cheveux corbeau, le visage impassible, les lèvres charnues. Ses genoux fléchirent et sa tête tournait, mais il traversa la pièce en titubant vers la jeune fille. L'attrapant par le col, il approcha son visage du sien avec une clé qui lui fit tomber la cigarette de la main et lui fit haleter.

"Très bien," grinça-t-il. "Où est-il ? Allez, allez, parle ! Où est-il ? Et ne me dis pas qu'il n'est pas là, parce que je sais qu'il est là, tu comprends ? Je viens de le voir. Je l'ai pourchassé, en bas. Je sais il est là ! Je veux savoir où.

Son pied s'est levé brusquement et l'a attrapé à la jambe, lui envoyant une agonie de douleur dans la cuisse. Soudain, elle commença à se battre comme un chat, griffant, mordant – un feu bleu dans les yeux. Jeff leva la main et lui frappa le visage deux fois, durement. Avec un grognement, elle l'attrapa au ventre avec son pied et se libéra, l'envoyant tomber contre le mur.

Il bondit, puis s'arrêta net dans son élan. Une horrible prise de conscience explosa dans son esprit. Elle se tenait debout, le visage tordu, les yeux brûlants, un flot de langage empoisonné se déversant sur lui. Dans sa main se trouvait un couteau, la lame levée, en équilibre dans sa main avec une intention mortelle. Mais Jeff remarqua à peine le couteau ; il n'entendit pas les mots alors qu'il regardait son visage avec incrédulité, son cœur se serrant. Parce que le visage n'était pas correct, d'une manière ou d'une autre.

Les lèvres n'étaient pas correctes, le nez avait une forme différente, la lueur dans les yeux n'était pas correcte. Son halètement se transforma en un sanglot amer d'incrédulité, d'incroyable déception. Il ne pouvait y avoir aucun doute : ce n'était tout simplement pas la bonne fille.

« Où… où est-il ? » demanda-t-il faiblement, son cœur battant désespérément dans sa gorge.

"Pas un pas de plus", grogna la jeune fille. "Encore un centimètre et je te découperai en morceaux comme du mastic."

"Non, non…" Jeff secoua la tête, essayant désespérément de vider son esprit, de comprendre. C'était la fille qu'il avait vue sur l' écran du visiophone . Oui, les mêmes vêtements, le même visage. Mais ce n'était pas la fille de la taverne. "Conroe", lâcha-t-il plaintivement. "Tu—tu dois connaître Conroe—"

"Je n'ai jamais entendu parler de Conroe."

"Mais tu as dû, hier soir, lors de cette plongée, danser..."

Sa mâchoire tomba alors qu'elle le regardait avec dégoût. Puis elle donna un coup de couteau dans le bureau et se laissa tomber sur son lit, son visage se détendant. "Va-t'en", dit-elle avec lassitude. "Le sens de l'humour de ce foutu Français. Allez-y, battez-le. Je ne cohabite pas avec un houblon, du moins jusqu'à ce qu'il arrête de jouer."

"Tu ne connais pas Conroe ?"

La jeune fille le regarda attentivement. "Ecoute, Jack," dit-elle avec une amertume patiente, "Je ne sais pas qui tu es et je ne connais pas ton copain Comstock ou quoi que ce soit. Et je suis sûr que je n'ai dansé nulle part hier soir. J'étais J'ai travaillé dans le réservoir la nuit dernière pour refroidir de la tête de houblon en boucle pour la hache ce matin. Et ce n'était amusant pour aucun de nous, et vous serez là-bas vous-même si vous ne vous rafraîchissez pas. Et vous avez gagné Ça ne me plaît pas non plus. Alors va-t-en, ne me dérange pas.

Jeff se laissa tomber sur le lit d'en face, la tête dans ses mains. "Tu—tu lui ressemblais tellement—"

" Alors je lui ressemblais tellement ! " Elle cracha un gros mot et releva les jambes, le regardant fixement.

Jeff rougit, tout son corps lui faisait mal. "Très bien, je suis désolé. J'étais excité. Je n'ai pas pu m'en empêcher. Et je ne peux pas partir d'ici – j'ai essayé il y a quelques temps et je me suis heurté à quelques poings."

Les lèvres de Blackie se retroussèrent. "Les gardes ne nous aiment pas ici. Ils n'aiment rien de nous. Ils vous tueront si vous leur donnez une demi-excuse."

Jeff la regarda. "Mais pourquoi ? Je n'ai rien fait."

La jeune fille rit durement. " Pensez-vous que cela fait une différence pour eux ? Écoutez, Jack, avouons-le : vous êtes en prison, compris ? Ils ne l'appellent pas ainsi, et il n'y a pas de barreaux. Mais vous n'y allez pas. " n'importe où, et les garçons en gris sont là pour veiller à ce que vous ne le fassiez pas. Et ils nous détestent parce que nous ne sommes pas assez bien pour eux, et nous sommes en ligne pour le genre d'argent qu'ils n'osent pas chercher. Vous êtes ici pour une chose : gagner de l'argent, beaucoup d'argent, ou vous déchaîner la cervelle, et rien d'autre... » Elle leva les yeux vers lui, les yeux plissés. "Ou es-tu?"

Jeff secoua misérablement la tête. "Non, rien d'autre. J'attends les tests. Cette autre chose est un vieux combat, c'est tout. Tu ne comprendrais pas. Tu ressemblais tellement à la fille—" Il la regarda, étudiant davantage son visage. étroitement. Elle n'était pas aussi jeune qu'il l'avait pensé au début. Il y avait de petites rides autour de ses yeux, une teinte trop maquillée montrant l'endroit où sa bouche se plissait lorsqu'elle parlait. Ses lèvres étaient trop pleines et il y avait une fatigue dans ses yeux, un air battu et traqué qu'elle ne pouvait pas vraiment cacher.

Elle s'appuya contre le lit, et même la relaxation n'effaça pas la dureté. Seuls les cheveux noir de jais et les sourcils noirs et lisses semblaient jeunes et frais.

Jeff secoua la tête et continua de la regarder. "Je ne comprends pas", dit-il, impuissant. "J'ai été affecté à cette pièce—"

"Donc étais-je." Les yeux de la jeune fille se durcirent.

"Etes-vous l'un des... ouvriers ?"

Elle ricana amèrement. "Tu veux dire l'un des animaux expérimentaux ? C'est vrai. Les Mercy Men. Plein de pitié, c'est moi." Elle a craché par terre.

"Mais la société mixte—"

Il n'y avait aucun humour dans son rire. " Qu'as-tu pensé, ils auraient un boudoir séparé pour les dames ? Comment traitent-ils tout type d'animal expérimental ? Arrêtez-vous, Jack. Ils ne se soucient pas de ce que nous faisons ou de la façon dont nous vivons. Tout ce qu'ils veulent, c'est du bétail humain en bonne santé quand ils sont prêts. Rien de plus. Cela signifie qu'ils doivent nous nourrir et nous coucher. Point final. Et si vous avez des idées sages" - ses yeux s'écarquillèrent avec un air de méchanceté ouverte, choquant par son intensité - "essayez juste quelque chose. Juste une fois. Vous en apprendrez beaucoup sur Blackie en un éclair." Elle se retourna avec mépris et lui tourna le dos. "Vous découvrirez que je n'aime pas les huards comme colocataires, par exemple."

Jeff alluma une cigarette, les mains tremblantes. La pièce semblait tourner et il sentit ses muscles s'affaisser de douleur et de fatigue. Il avait tellement compté sur les informations de la jeune fille. Mais aussi incroyable que soit la ressemblance, Blackie ne pouvait pas être la fille qu'il avait vue dans la taverne. Si elle l'avait reconnu, il l'aurait repéré. Elle n'aurait pas pu le cacher complètement.

Soudain, il se sentit terriblement seul, presque battu, impuissant à continuer. Où pourrait-il aller ? Que pouvait-il faire ? Comment pouvait-il suivre un sentier qui menait directement à travers des murs de pierre ? Il s'adossa au lit et céda à la fatigue qui le tourmentait. Son esprit sombre dans une confusion de désespoir. Peut-être, pensa-t-il avec lassitude, peut-être que ce doute qui tourmentait son esprit était juste. Peut-être qu'il ne retrouverait jamais Conroe. Il soupira alors que l'obscurité de l'épuisement total se rapprochait de lui, et sa tête retomba sur l'oreiller...

Il savait qu'il rêvait. Un petit coin de son esprit se tenait à l'écart, le poussant, lui disant qu'il n'osait pas dormir, qu'il devait se lever, bouger, chasser, que le danger était trop grave pour dormir. Mais il dormait, et le petit coin de son esprit le poussait, criait et regardait...

Il marchait le long d'un ruisseau, une promenade qu'il avait déjà faite une fois, il y a de très nombreuses années. Une brise fraîche tombait de la prairie et lui ébouriffait les cheveux. Il entendit le tintement de l'eau qui scintillait sur le rocher. Et il avait peur, tellement peur. La voix dans son esprit lui criait à chaque pas, jusqu'à ce qu'il vacille, ralentisse et s'arrête.

Pas ici, Jeff, pas ici. Arrêtez, arrêtez maintenant ! Si tu vas plus loin, tu seras mort...

La sueur coulait sur son front. Il essaya d'avancer, sentit une poigne de fer sur ses jambes. *Arrête, Jeff, arrête, tu vas mourir, Jeff...* Une vague de peur irrésistible l'envahit et il se retourna. Il courait comme le vent, la voix le suivant, criant à son oreille, le suivant sur des ailes fantomatiques. Dans le rêve, il redevenait un petit garçon, courant et criant de peur. Un homme se tenait sur son chemin, les bras tendus, et Jeff se jeta dans les bras de son père, sanglotant comme si son cœur allait se briser, s'agrippant à lui avec un soulagement incroyable, enfouissant son visage dans le coffre fort et réconfortant. *Oh, papa, papa, tu es en sécurité. Tu es là, papa.*

Il leva les yeux vers le visage souriant de son père et vit les lignes fortes et sensibles autour de la bouche du grand homme, la puissance et la sagesse dans les yeux. Nulle part ailleurs il n'y avait ce sentiment de force, de puissance illimitée, de confort complet. Il enfouit de nouveau son visage dans la poitrine du vieux Jacob Meyer. Un flot de profonde paix traversa son esprit—

Jeff, Jeff, fais attention !

Il se raidit, tout son corps se refroidit. Les bras puissants n'étaient plus autour de lui, et il eut soudain de nouveau peur – peur d'une terreur qui lui mordit profondément l'esprit. Il leva les yeux et cria, un cri qui résonna encore et encore. Cela revenait encore et encore – un cri de pure terreur. Parce que le visage de son père n'était plus à côté de lui. Il y avait un autre visage, suspendu sans corps et lumineux au-dessus de lui. Il était blanc comme de la craie – un visage macabre et maléfique qui le regardait.

C'était le visage de Conroe. Il cria encore, essaya de se couvrir les yeux, essaya de se réduire à néant. Mais le visage hideux et tordu le suivit. L'horrible peur s'intensifia, le traversant comme une flamme, se transformant en une haine ardente dans son cœur, alors qu'il observait le visage maléfique et brillant.

Il a tué ton père, Jeff. Il a massacré ton père, l'a abattu comme un animal, de sang-froid...

Jeff a crié et le visage maléfique a souri et s'est rapproché, jusqu'à ce que le souffle violent soit chaud sur le cou de Jeff.

Tu dois le tuer, Jeff. Il a tué ton père...

Mais pourquoi? Pourquoi a-t-il fait ça, pourquoi... pourquoi... *pourquoi* ? Il n'y avait pas de réponse. La voix se terminait par un rire horrible. Tout à coup, le visage a disparu. A sa place se trouvait une petite silhouette lointaine qui courait, courant comme le vent, dans le couloir étroit et sombre de l'hôpital. Et Jeff courait aussi, brûlant de haine, luttant désespérément pour rattraper la silhouette en fuite, pour combler l'écart qui les séparait.

Les murs étaient en pierre grise. Conroe courait vite, sans entrave. Mais d'horribles objets sont sortis des murs de Jeff. Il a trébuché sur un objet mouillé et gluant posé sur le sol et est tombé sur la face. Il se releva à nouveau tandis que la silhouette disparaissait dans un coin éloigné. Les murs étaient gris et humides autour de lui. Il atteignit le Y, attendant, haletant, criant sa haine dans les couloirs vides et résonnant.

Puis soudain, il aperçut la silhouette et se remit à courir, mais ils n'étaient plus au Hoffman Center. Ils dévalaient en courant le flanc d'une colline, une colline horrible et aride, parsemée de longs couteaux, de lances et d'épées — des lames brillantes dressées directement du sol, brillant dans la lumière bleuâtre.

Conroe était loin devant, se déplaçant avec agilité à travers le gant des épées. Mais Jeff ne pouvait pas suivre son chemin, car de nouveaux couteaux surgissaient devant lui, lui coupant les chevilles, déchirant ses vêtements. Il haletait, presque épuisé, alors que la silhouette disparaissait au loin. S'enfonçant au sol, Jeff sanglota, tout son corps tremblant. Et la voix lui criait moqueusement à l'oreille : *Tu ne l'auras jamais, Jeff. Peu importe vos efforts, vous ne l'aurez jamais... jamais... jamais... jamais...*

Mais je dois le faire, je le dois. Je dois le trouver et le tuer. Papa m'a dit de...

Il se réveilla en sursaut, ses cris résonnant toujours dans la pièce immobile, la sueur coulant de son front et de son corps, trempant ses vêtements. Il s'assit tout droit. Il chercha sa montre mais ne la trouva pas. *Combien de temps avait-il dormi ?*

Ses yeux se tournèrent vers le lit d'en face, vide, et il roula sur ses pieds. Il avait l'horrible sentiment que le monde lui avait échappé, qu'il avait raté quelque chose de critique pendant son sommeil.

Il regarda son poignet. La montre avait définitivement disparu. Puis, avec un juron, il traversa la pièce et ouvrit le coffre à pieds de Blackie. Effectivement, la montre gisait avec le tas de bijoux en or sur la pile de vêtements sales. Il le regarda tandis qu'il le remettait à son poignet. Puis il entra dans les toilettes, s'aspergea le visage d'eau froide et essaya d'apaiser les violents battements douloureux dans sa tête. La montre indiquait huit heures trente. Il avait dormi cinq heures – cinq heures précieuses pour que Conroe se cache, brouille les traces, disparaisse plus profondément dans ce bourbier de détritus humains.

Jeff trébucha vers la porte, jeta un coup d'œil et vit deux gardes vêtus de gris passer dans le couloir. Doucement, il ferma la porte. Son estomac hurlait de faim et il fouillait la pièce sans relâche. Finalement, il déterra une boîte de crackers et un quart de livre de fromage au fond du casier de Blackie. Il mangea avec voracité et but de l'eau au robinet des toilettes. Puis il se laissa tomber sur le bord du lit.

Le rêve encore, le même rêve horrible, effrayant et désespéré – le rêve qui revenait et revenait ; toujours différent, mais toujours le même. Le même visage qui l'avait hanté toute sa vie, le visage qui l'avait presque rendu fou ce jour-là, cinq ans auparavant, où il l'avait rencontré face à face pour la première fois ; le visage de l'homme qu'il avait traqué jusqu'au bout du monde. Mais jamais il n'avait attrapé l'homme, il ne l'avait jamais vu sinon de brefs aperçus. Conroe avait échappé à tous les pièges avant qu'ils ne soient déclenchés. Mais finalement, il était devenu si désespéré qu'il fut contraint de se retirer sur une route à sens unique qui le conduisit à une mort infernale.

Jeff secoua désespérément la tête alors qu'il essayait de reconstituer la situation. Il vivait dans un demi-monde d'hommes et de femmes avares cherchant à se vendre à des prix incroyables. C'était un demi-monde qui semblait à Jeff à peine plus fou que le monde déformé et intense de pression, de peur et d'insécurité qui s'étendait à l'extérieur du Centre Hoffman. Et dans ce demi-monde se trouvaient un médecin qui savait que Jeff était un imposteur, une fille kleptomane qui pensait qu'il était toxicomane, et quelque part – la silhouette élancée de l'homme qu'il poursuivait.

de nouveau vers la porte. Après avoir regardé attentivement, il s'engagea dans le couloir. De l'autre côté, il entendit un éclat de rire, le son de nombreuses voix. L'odeur du café flottait dans le couloir pour le séduire. Il suivit les sons et atteignit la grande et longue pièce qui servait de salon et de bibliothèque aux Mercy Men de son unité.

La salle était bondée. Une douzaine de groupes étaient blottis sur le sol dans un bourdonnement d'excitation frénétique. La pièce était bleue à cause de la fumée de cigarette et les lumières brillaient durement sur les murs. Il vit les dés rouler au centre des groupes et il aperçut également une demi-douzaine de tables remplies de gens aux yeux brillants. Il entendit le bruit des cartes à jouer et le rire dur et tendu d'un gagnant tirant dans un pot. Et puis il aperçut le Méchant Français, les yeux brillants d'excitation, une tasse de café extrêmement noir dans une main et une pile d'étiquettes en papier blanc dans l'autre.

Il sourit à Jeff avec une méchanceté non dissimulée et dit : « Entrez, petit malin. Les choses commencent tout juste à devenir chaudes.

Clignant des yeux, Jeff entra dans la pièce.

CHAPITRE CINQ

Son premier réflexe fut de se retourner et de courir. Il n'y avait aucune explication, aucune rationalisation du sentiment de terreur et de danger qui le frappait alors qu'il entrait dans la pièce. Ce sentiment l'envahit avec une intensité presque irrésistible ; quelque chose n'allait pas du tout ici.

Jeff entra lentement, fermant la porte derrière lui. La porte semblait être bien fermée, aspirée par sa main. C'est à ce moment-là que la tension dans l'air frappa Jeff comme une force presque physique, et son esprit se remplit d'effroi.

Personne ne l'a remarqué. Il regarda autour de lui avec curiosité. Il regarda le Méchant Français se frayer un chemin à travers la foule. L'un des arrangements de jazz nerveux particulièrement exaspérants de Silly Giggin était le cri d'un musicien quelque part dans la pièce, et l'air lui-même était rempli d'un râle de conversation irrégulier qui s'élevait au-dessus de la musique.

La plupart des visages étaient nouveaux pour Jeff. Il y en avait des vieux et fatigués, marqués de manière indélébile de lignes de peur, de lignes de désespoir traqué. Il y avait des visages aux lèvres serrées, comprimées et exsangues ; des visages aux yeux pleins de froideur et de cynisme, et des visages rayonnant d'une intelligence acérée et perverse.

Les foules se penchaient tendues autour des tables et regardaient les cartes avec des yeux avides et calculateurs. Les paris secondaires étaient effectués au fur et à mesure que les mains étaient ouvertes. D'autres groupes se sont blottis sur le sol et ont regardé les dés avec des yeux perçants et avares.

La musique tintait et raclait, et de petits éclats de rire durs éclataient pour rivaliser avec elle. Et à travers tout cela régnait le sentiment glaçant et inéluctable d'une erreur, de quelque chose manqué, quelque chose qui avait horriblement mal tourné.

Il se déplaça lentement dans la pièce et scruta les visages qui se pressaient autour de lui. Ses yeux croisèrent ceux de Blackie, loin à travers la pièce, pendant un instant, et le froid de quelque chose qui n'allait pas s'intensifia et envoya un frisson dans sa colonne vertébrale. Il arrêta un passant et lui montra le groupe de dés le plus proche. "Comment entrez-vous?" Il a demandé.

L'homme haussa les épaules, le regardant étrangement. "Vous déposez votre argent et vous jouez", a-t-il lancé. "Si vous n'avez pas d'argent, alors vous pouvez parier sur le gain du prochain emploi. 'Smatter, Jack, tu es nouveau par ici ?" Et l'homme repartit en secouant la tête.

Jeff hocha la tête, réalisant de manière frappante. Quoi de plus naturel pour un groupe de personnes chancelant de jour en jour au bord de la mort ? Le besoin d'excitation, d'activité serait écrasant dans une prison lugubre comme celle-ci. Et avec les énormes sommes d'argent qu'il n'avait pas encore gagnées pour parier, Jeff frémit. Des jeux acharnés, oui, mais pouvaient-ils vraiment expliquer cette étrange tension qu'il ressentait ? Ou s'était-il produit quelque chose, quelque chose qui aurait changé l'atmosphère, qui aurait imprégné chaque coin et recoin de la pièce d'un air de tension explosive ?

Jeff commença à se diriger vers le Nasty Frenchman. Le petit homme buvait du café dans un coin. Il suçait un long cigare noir et semblait en pleine conversation avec un géant chauve appuyé contre le mur. Jeff repéra Blackie. Elle traversait la pièce à genoux. Elle fit face à un petit homme aux dents de cerf, alors qu'elle lançait rapidement les dés de trois couleurs. Ses yeux les suivirent, vifs et anormalement brillants.

Jeff secoua la tête. Panmumjon était un jeu à haute vitesse et à haute tension, un jeu pour ceux qui ont les nerfs d'acier. Ses fameuses impasses avaient souvent conduit au meurtre, à mesure que les pots montaient de plus en plus haut. La fille semblait gagner. Elle lança les dés avec une régularité semblable à celle d'une transe, et le visage du petit homme aux dents de cerf s'assombrit à mesure que sa pile d'argent diminuait.

De l'autre côté de la pièce, un coin de jeu de dés se déroulait rapidement, avec des sommes d'argent stupéfiantes passant de main en main ; les parties de cartes, bien que plus lentes, laissaient la marque de leur tension sur les visages des joueurs. Jeff regardait toujours, jusqu'à ce qu'il ait vu tous les visages dans la pièce. Le visage de Paul Conroe n'en faisait pas partie.

Non, il ne s'y attendait pas. Mais que s'était-il passé ? C'était exaspérant de rester là, de sentir la tension dans la pièce, de sentir qu'elle grandissait jusqu'à ce qu'elle semble lui frapper les tempes. Personne d'autre ne semblait le remarquer. Était-il le seul à se rendre compte du changement dans l'air, dans les sons, et même dans la couleur de la lumière contre les murs ? Quelque chose le poussait, le poussait à courir, à s'enfuir, à quitter la pièce maintenant tant qu'il le pouvait. Pourtant, lorsqu'il essaya d'analyser la peur rampante et venimeuse, de la cerner, elle s'enfonça dans les marges de son esprit et se moqua de lui.

Finalement, il atteignit le coin de la pièce. Son oreille capta la voix nasillarde du Méchant Français, et il se figea alors qu'il regardait le petit homme.

"Je te le dis, Harpo, je l'ai entendu de mes propres oreilles. Tu n'as jamais vu Schiml aussi excité. Et puis Shaggy Parsons disait que toute l'unité était en train d'être divisée – c'est l'unité A. Je l'ai vu quand je traversais cet après-midi. Il était tout excité aussi.

"Mais pourquoi le diviser ?" L'énorme homme chauve appelé Harpo grogna, ses lèvres lourdes se tordant de dégoût. "Je ne fais pas confiance à Shaggy Parsons pour rien , et je pense que vous entendez ce que vous voulez entendre. A quoi ça sert ? Schiml se débrouille bien dans le travail dans lequel il nous utilise—"

Le Méchant Français est devenu rouge. "C'est justement ça : nous sommes entrés et nous allons sortir, dans le froid. Tu ne peux pas comprendre ça ? Quelque chose va se briser. Ils sont sur quelque chose – Schiml et ses garçons – quelque chose grand. Et ils ont un nouvel homme, quelqu'un qui les passionne, quelqu'un qui a fait tomber des murs rien qu'en le regardant, ou quelque chose comme ça...

Harpo émit un bruit dégoûté. "Tu veux dire, encore une fois la vieille histoire d'ESP. Alors peut-être qu'ils se lancent dans une autre chasse aux fantômes. Ils s'en remettront, comme ils l'ont fait la dernière fois ou la fois d'avant."

La voix du Méchant Français était tendue. "Mais ils *changent les choses* . Et les changements sont synonymes de problèmes." Il jeta un coup d'œil à Jeff et ses sourcils se haussèrent. « Écoutez, ils se lancent dans une ligne de travail, ils affectent les hommes à différentes parties d'un travail, ils planifient le travail des mois à l'avance. Puis tout d'un coup, quelque chose de nouveau arrive. Ils sont enthousiasmés par quelque chose et ils lancent un quelques douzaines de travailleurs, en ajoutent quelques douzaines de nouveaux, modifient les tarifs, changent le travail. Et ils finissent par donner le meilleur salaire à quelqu'un qui vient d'arriver. Je n'aime pas ça. J'ai été dans cet endroit aussi J'ai eu trop de boulots durs et nuls ici pour être mis de côté parce qu'ils ne s'intéressent plus à ce qu'ils me faisaient avant. Et ils ne nous le disent jamais ! On ne sait jamais avec certitude. Nous devons juste attendre, deviner et espérer."

Les yeux du petit homme brillèrent. "Mais nous pouvons détecter certaines choses, un peu ici, un peu là - vous apprenez comment, au bout d'un moment. Et je peux vous dire que quelque chose ne va pas, que quelque chose va se passer. Vous pouvez même le sentir ici."

La peau de Jeff rampait. C'était bien sûr ça. Il y avait quelque chose qui n'allait pas. Mais cela n'était pas encore arrivé. Cela allait arriver. Il regarda un groupe rassemblé autour d'un jeu de panmumjon , regarda les dés aux couleurs vives rouler d'un côté à l'autre, d'un côté à l'autre, d'un côté à l'autre. Un nouveau venu, avait dit le Méchant Français, quelqu'un qui était entré et avait perturbé le bon déroulement du travail du Centre, quelqu'un qui avait soudainement excité les médecins. Quelqu'un qu'ils prévoyaient d'utiliser pour une chasse aux fantômes.

Quel genre de chasse aux fantômes ? Pourquoi ce choix de mots ? Conroe pourrait-il être le nouveau venu dont ils parlaient ? Il ne semblait pas possible que cela ait pu se produire si soudainement si Conroe avait été le bon – mais qui ? Et qu'est-ce que cela avait à voir avec le sentiment toujours croissant de danger imminent qui envahissait la pièce à cet instant précis ?

Les yeux de Jeff se tournèrent vers le jeu de dés, et la peur dans son esprit se transforma soudainement en un torrent hurlant. *Va-t'en, Jeff. Ne regarde pas, ne regarde pas...* Il fronça les sourcils, soudain en colère. Pourquoi ne pas regarder ? Qu'y avait-il de si dangereux dans un jeu de dés ? Il se dirigea vers le groupe voisin et observa les cubes en mouvement avec fascination. *Non, Jeff, non, ne le fais pas, Jeff...* Avec un juron, il tomba à genoux et tendit la main vers les dés.

"Tu es là ?" » quelqu'un a demandé. Jeff hocha la tête, le visage comme un roc. La voix avait cessé de crier à son oreille, et maintenant quelque chose d'autre grandissait dans son esprit : une exaltation sauvage qui reprenait son souffle et balayait son cerveau comme un tourbillon. Ses yeux brillèrent et il sortit de l'argent de sa poche. Il posa les billets par terre et ses mains se refermèrent sur les dés.

Il fit face à un petit homme au visage boutonneux avec de grands yeux noirs et il leva les trois dés aux couleurs vives, les roulant selon le motif familier. Les dés se sont bloqués en quatre lancers. Il en a transpiré sept autres avec de nouveaux dés. Puis Jeff a vu une cassure dans les cotes, a augmenté la mise lors de son prochain lancer et a repris son souffle lorsque l'homme qui lui faisait face l'a égalé.

Les dés tombèrent, retomba dans l'impasse, et la foule autour d'eux haleta, se rapprocha d'eux. Le troisième jeu de dés a été sorti, pour les tentatives de déblocage. Puis un quatrième set a suivi, alors que la structure complexe du jeu se construisait comme un château de cartes. Puis les dés de Jeff atteignirent enfin le nombre critique, et la structure commença à se briser – les lancers tombaient de plus en plus vite entre ses mains.

Quatre ou cinq personnes se sont installées à ses côtés avec des paris parallèles et ont commencé à collecter avec lui, alors qu'il se lançait dans un autre jeu, le construisant. Celui-ci, il l'a perdu de justesse, mais il a quand même continué à jouer, son enthousiasme grandissant.

Et puis, tout à coup, le chaos s'est déchaîné dans la pièce. Les yeux levèrent les yeux, surpris, vers les deux hommes, de l'autre côté de la pièce, qui se faisaient face, les yeux flamboyants.

"Jetez-les ! Allez-y ! Lancez-les, voyez comment ils atterrissent !"

Quelqu'un a crié : « Que s'est-il passé, Archie ?

"Il a des dés pipés ici, d'une manière ou d'une autre." Archie pointa un doigt accusateur vers l'autre homme. "Ils ne tombent pas bien. Il y a quelque chose qui ne va pas chez eux—"

L'autre homme grogna. — Alors tu ne gagnes plus, et alors ? C'est toi qui as apporté les dés.

"Mais les chances ne sont pas bonnes. Il se passe quelque chose de drôle."

Jeff se tourna vers les dés, son esprit toujours en train de hurler, sentant que le désastre planait dans les airs comme une lourde épée. Son propre jeu avançait, de plus en plus vite. Quelque part dans la pièce, une autre bagarre éclata, puis une autre. Plusieurs hommes abandonnèrent les jeux et se placèrent contre les murs. Leurs yeux étaient écarquillés de colère alors qu'ils regardaient les autres joueurs. Et puis Jeff a obtenu trois six, quatorze fois de suite. Il jeta les dés devant ses adversaires bouche bée avec un juron et retourna en tremblant vers le coin. La pièce entière tournait autour de sa tête.

Soudain, dans cette pièce, les probabilités étaient devenues folles. Il pouvait sentir l'instabilité changeante de l'atmosphère, aussi réelle et oppressante pour lui que si elle était solide et qu'il essayait de s'y frayer un chemin. C'était ce qui le tracassait, le tourmentait. Tout à coup et sans explication, quelque chose d'impossible avait commencé à se produire. Les cartes avaient commencé à tomber dans des séquences incroyables, se répétant avec une régularité idiote ; les dés avaient défié les lois de la gravité en tournant sur les tables et le sol.

Un brouhaha remplit la salle alors que les joueurs s'arrêtaient et se regardaient, incapables de comprendre l'impossible qui se passait sous leurs yeux. Et puis Blackie passait devant Jeff, le visage rouge, une curieuse lueur de désespoir dans les yeux.

Une impulsion traversa l'esprit de Jeff. Il tendit le bras et arrêta la jeune fille. "Jeu," dit-il sèchement.

Ses yeux brillèrent vers lui. "Quel jeu?"

"Rien." Il leva son poignet devant ses yeux et lui montra la montre en or. "Nous pouvons jouer pour ça."

Quelque chose brillait dans ses yeux pendant un moment avant qu'elle ne reprenne le contrôle. Puis elle s'est agenouillée, remontant ses manches, un regard serré de peur et d'effroi hantant ses yeux alors qu'elle levait les yeux vers Jeff. "Il se passe quelque chose", dit-elle doucement. "Les dés... ils ne sont pas bons."

"Je le sais. Pourquoi pas ?" Sa voix était rauque, ses yeux fixés sur son visage.

Elle lui lança un regard perplexe. "Il n'y a aucune raison. Rien n'est différent, mais les dés ne tombent pas correctement. C'est tout, ils ne tombent pas."

Jeff sourit étroitement. "Allez, lance-les."

Elle lança les dés, les vit danser sur le sol, saisit son numéro. Jeff les a roulés, l'a battue dessus, a récupéré l'argent. Il roula encore, puis encore. L'oppression grandit autour des yeux de la jeune fille ; de petites lignes tendues se durcirent près de sa bouche. Nerveusement, elle fourra une cigarette dans sa bouche, l'alluma et tira une bouffée tandis que les dés étaient lancés.

Elle a perdu. Elle a encore perdu. Les paris parallèles se sont multipliés autour d'eux, les gens qui les regardaient ont saisi la tension qui montait.

"Ce qui se passe?"

"Les dés, mon Dieu ! Ils sont devenus fous !"

"Blackie est en train de perdre. Qu'en penses-tu—"

"... perdre ? Elle ne perd jamais aux dés. Qui est ce gars ?"

"Je ne l'ai jamais vu auparavant. Regarde, il en a pris un autre ! Ces dés sont lancés."

"Mes cartes aussi étaient folles : roi plein à chaque fois, une douzaine de mains d'affilée. Comment pouvez-vous parier sur quelque chose comme ça, je vous le demande."

Le disque de Silly Giggins a crié plus fort, puis a poussé un cri lorsque le disque s'est soudainement brisé en mille morceaux. Quelqu'un a juré et a jeté un jeu de cartes par terre, et un cri a éclaté dans la pièce. Un groupe en vint soudain aux mains ; plusieurs jeux de dés se sont réduits à des conflits sanglants entre individus. Tout à coup, un homme fondit en larmes et se redressa sur ses hanches, le visage frappé. "Ils ne peuvent pas agir de cette façon", a-t-il déploré. "Ils *ne peuvent tout simplement pas ...*"

Les yeux de Jeff regardaient les dés tourner, et encore une fois quelque chose criait à son oreille. Il avait l'impression que sa tête allait éclater, mais il continuait à rouler et il voyait le visage de la jeune fille s'assombrir à chaque lancer. Il vit la peur briller dans ses yeux bleus. Soudain, elle poussa un juron, arracha les dés des mains de Jeff et les lança brusquement à travers la pièce. Elle regarda Jeff d'un air venimeux, puis regarda les gens autour d'elle comme si elle était un animal acculé.

"C'est vous tous," grogna-t-elle. "Vous les retournez contre moi. Vous les faites se tromper." Elle cracha par terre et se dirigea vers la porte. Jeff la suivit mais sentit une main la retenir sur son bras.

"Laissez-la tranquille", dit le Méchant Français. " Vous aurez des ennuis si vous ne le faites pas. Vous voyez ce que je voulais dire à propos de quelque chose qui ne va pas ? Toute la foule ici est à bout de nerfs, comme si quelqu'un les ramassait et les jetait par terre. Qui a jamais vu les dés tomber ? " de cette façon, ou les cartes tombent de cette façon" - les yeux du petit homme brillèrent sournoisement - " *à moins que quelqu'un ne les contrôle* .

La respiration de Jeff était plus rapide alors qu'il regardait le Méchant Français, et sa voix était rauque. "De quoi parles-tu?"

Les lèvres du petit homme se tordirent de colère. "Tu as vu ce qui s'est passé ici, n'est-ce pas ?"

Jeff se détourna avec colère. Il se faufila dans la foule, la mâchoire serrée alors qu'il se dirigeait vers la porte. Le Méchant Français ne pouvait qu'entrevoir la vérité, mais quelqu'un d'autre en voyait plus, bien plus. D'une manière ou d'une autre, Jeff savait que cette heure écoulée détenait la clé de tout le problème, s'il pouvait seulement le voir. C'était là la réponse à toute l'énigme enchevêtrée de la jeune fille et de Paul Conroe, du Dr Schiml et des Mercy Men.

Et il savait que lorsqu'il arriverait dans la pièce, la fille l'attendrait. Elle attendait avec un feu froid dans les yeux, alors qu'elle était assise à table, une petite paire de dés colorés posée devant elle dans la pénombre.

Jeff se précipita dans le couloir sombre, la peur explosant dans son cerveau. Elle serait là et il savait pourquoi elle brûlerait quand il entrerait dans la pièce. Il avait vu ses yeux, vu son visage alors qu'ils avaient lancé les dés. Il savait sans l'ombre d'un doute qui contrôlait les dés.

La fille attendait, comme il l'avait prévu. Il entra dans la pièce et ferma doucement la porte derrière lui, faisant face à ses yeux désespérés alors qu'elle lançait les dés colorés devant elle. "Jeu", défia-t-elle, sa voix dure et métallique.

La pièce était tendue par une peur silencieuse alors qu'il se laissait tomber en face d'elle à table.

CHAPITRE VI

Jeff tendit la main et prit les dés des mains de la fille. "Range-les, Blackie," dit-il doucement, "Tu n'as rien à prouver. Je sais—"

"Jeu", répéta-t-elle durement en secouant la tête.

"Ecoute. Réfléchis une minute. Là-bas, tu sais ce qui s'est passé dans cette pièce ?"

Ses yeux croisèrent les siens et s'écarquillèrent de peur. "Jeu", murmura-t-elle, les mains tremblantes. "Tu dois me jouer!"

Il haussa les épaules, les yeux fatigués alors qu'il observait son visage. Il prit les dés et les lança sur la table. Un trois, un quatre et un cinq tombèrent ; il vit ses yeux traverser la table, observant la séquence. Puis sa main se tendit, saisit les dés et les lança. L'hostilité dans son esprit le frappa, renforçant la terrible peur qu'il ressentait déjà. Il combattit l'hostilité, les yeux fixés sur les dés, les mains agrippées au bord de la table. Et les dés dansèrent et s'installèrent : un trois, un quatre et un cinq...

Les yeux de la jeune fille s'écarquillèrent, le fixant d'abord, puis de nouveau les dés. Lentement, elle tendit la main, prit le cube avec les cinq visibles et l'envoya rebondir sur la table. Il tourna et rebondit – et se stabilisa une fois de plus avec les cinq exposés.

Jeff sentit une explosion de peur amère sortir des yeux de la jeune fille. La pièce semblait crier à cause de la tension qu'il ressentait. Elle prit les dés avec des mains tremblantes, les lança violemment et serra les poings alors qu'ils tombaient. Les trois et quatre se sont immédiatement installés. Jeff regarda le troisième cube, tourner sur un coin, tourner... tourner... Il sentit ses muscles se tendre, son esprit hurler, se resserrer alors qu'il fixait le petit cube. C'était comme si une main de fer tenait son cerveau dans sa paume et le serrait lentement, lentement. Et le petit cube a continué, ridiculement, à tourner et à tourner, jusqu'à ce qu'il se retourne tout à coup sur le côté et reste immobile avec les cinq éléments exposés.

Blackie poussa un cri étouffé, son visage d'un blanc pâteux. "Alors c'était toi." Elle s'étrangla, le regardant comme s'il était un fantôme. "Vous l'avez fait délibérément là-dedans, en déjouant les pronostics, en déformant les choses, en retournant les dés contre moi."

Jeff secoua violemment la tête. « Non, non, pas moi... nous... tous les deux. Nous nous battions sans le savoir... »

Sa main se porta à sa bouche, étouffe les mots alors qu'elle le regardait. Jeff regardait les dés, tout son corps tremblait, d'énormes gouttes de sueur coulant sur son front. Et tandis qu'il regardait, les dés sautillaient sur la table, comme des haricots sauteurs, se retournant encore et encore, par saccades, tournoyant sur leurs bords dans une petite danse horrible et incroyable. Jeff secoua la tête, les yeux écarquillés d'horreur alors qu'il regardait les dés.

"Tu le savais depuis le début," s'étouffa la jeune fille. "Tu es venu là juste pour me tourmenter, pour me montrer—"

"Non non." Jeff tourna de grands yeux vers elle. "Je ne le savais pas jusqu'à ce que je ramasse les dés dans cette pièce. Quelque chose m'a poussé à le faire. Je ne savais pas ce que je faisais jusqu'à ce que tout d'un coup les dés fassent ce que je voulais qu'ils fassent - " Il s'interrompit, haletant. "Je ne l'ai jamais su, je n'en ai jamais rêvé." Ses yeux cherchèrent ceux de la jeune fille, suppliants. "Je ne comprenais pas, je ne pouvais pas m'en empêcher. Je savais juste que quelque chose n'allait pas. Et puis j'ai su que quelqu'un me combattait. Il y avait une tension là-dedans. Je l'ai senti. Je savais que quelqu'un me combattait. " J'ai falsifié les dés. Puis, quand je me suis approché de toi, j'ai su que c'était toi. "

Le visage de la jeune fille travaillait, les larmes lui montaient aux yeux. "Je devais… je devais gagner avec eux."

"Alors tu savais que tu le faisais !" Jeff la regarda. "Et quand nous avons tous deux commencé à trafiquer, à nous opposer, les probabilités régissant les jeux sont devenues folles, complètement folles."

La jeune fille sanglotait, le visage dans les mains. "J'ai toujours pu le contrôler. Cela a toujours fonctionné. C'était la seule chose que je pouvais faire qui se passait bien. Tout le reste a toujours mal tourné." Elle sanglotait comme un bébé, ses épaules tremblaient alors qu'elle étouffait de gros sanglots déchirants.

Jeff se pencha en avant, presque cruellement, ses yeux brûlants sur elle. "Quand as-tu découvert que tu pouvais... faire tomber les dés comme tu le voulais ?"

La jeune fille secoua la tête, impuissante. "Je ne le savais pas. Je n'en avais aucune idée jusqu'à ce que je vienne ici. C'était la seule chose dans laquelle je pouvais gagner. J'ai perdu tout le reste. Toute ma vie, j'ai perdu."

"Qu'as-tu perdu ?"

"Tout, tout, tout ce que je touche devient noir, devient aigre, d'une manière ou d'une autre."

"Mais quoi, *quoi* ?" Jeff se pencha vers la fille, la voix rauque. "Pourquoi es-tu venu ici ? Comment es-tu arrivé ici ?"

Les sanglots de la jeune fille éclatèrent à nouveau, ses épaules tremblant d'angoisse. "Je ne sais pas, je ne sais pas. Oh, je pourrais le supporter, jusqu'à une limite, mais ensuite je ne pourrais plus le supporter . Tout ce que j'ai essayé a mal tourné ; tous ceux qui étaient près de moi ont mal tourné aussi. . Même les raquettes ne fonctionneraient pas avec moi."

"Quelles raquettes ?"

Sa voix était faible et cassante. "N'importe lequel de ces rackets. J'en ai participé à une douzaine, deux douzaines, depuis la guerre. Papa a été tué lors du premier bombardement de la Quatrième Guerre, quand j'étais enfant – douze, treize ans, je ne m'en souviens plus. Il est mort en essayant de nous faire sortir de la ville et de traverser la zone de Défense, au nord de la section de Trenton. Des brûlures causées par les radiations l'ont causé, peut-être une pneumonie, je ne sais pas. Mais cela a touché papa d'abord et maman plus tard.

Elle se redressa et s'essuya les yeux avec sa manche. "Nous ne sommes jamais sortis de la zone dévastée. Pendant un certain temps, nous avons tué des chiens et des chats pour nous nourrir. Puis, lorsque les choses se sont arrangées, nous avons été confrontés à l'inflation, aux récoltes incendiées, à toute une course effrénée. Les sales breaks arrivaient alors fort. D'abord nous étions des guérilleros, puis nous étions des bushwhackers. Puis nous sommes revenus dans la ville et avons commencé à secouer les riches qui revenaient des montagnes où ils se cachaient.

"Mais tu es venu ici," grinça Jeff. "Pourquoi ici, si tu t'en sortais si bien en raquettes ?"

"Je ne l'étais pas. Vous ne comprenez pas ? La chance, ça tournait mal, de pire en pire tout le temps. Et puis je suis devenu accro à la drogue. Le contrôle des stupéfiants a été mis en pièces pendant la guerre ; l'héroïne était partout. " L'endroit. Mais ils savaient que j'avais ce sortilège de malchance. Ils m'ont attrapé, jusqu'à ce que je sois devenu accro. "

Elle haussa les épaules, son visage reflétant un désespoir pathétique. "Ils m'ont emmené ici. Schiml m'a vendu sa marchandise. Que pouvais-je perdre ? J'étais si fatigué que je m'en fichais. Je m'en fichais s'ils me faisaient perdre la tête ou ce qu'ils me faisaient. Tout ce que je voulais, c'était manger, arrêter de me droguer et gagner assez d'argent pour pouvoir essayer quelque chose de décent, là où la malchance ne pouvait pas m'atteindre. Et je m'en fichais vraiment si je n'en sortais jamais.

"Mais avec les dés que tu as sortis."

"Oh, oui, avec les dés..." Les yeux de la jeune fille clignotèrent un instant. "J'ai découvert que je pouvais les faire s'asseoir et parler à ma place. Je l'ai joué doucement, je n'ai laissé personne comprendre. Mais ils ont toujours travaillé pour moi, jusqu'à ce soir—"

Jeff hocha la tête, le visage blanc. "Jusqu'à ce soir, quand tu as découvert que tu te battais pour le contrôle. Parce que ce soir, j'ai découvert qu'ils parleraient pour moi aussi. Et tu ne pouvais pas me battre avec eux."

Sa voix était faible. « Je... je ne pouvais pas les faire bouger. Ils sont tombés comme tu les avais appelés.

"Ce n'est pas possible, tu sais," dit doucement Jeff. "Chaque fois qu'ils ont essayé de prouver que c'était le cas, ils ont trouvé une faille dans l'étude, quelque chose qui n'allait pas quelque part. Personne n'a jamais rien prouvé à propos de la psychokinésie."

La jeune fille sourit sans joie. "Ils essaient de le prouver ici depuis la première année. De temps en temps, ils s'y mettent. Ils viennent de tester quelqu'un qui les a excités et ils vont recommencer tout le travail."

Jeff se pencha, les yeux flamboyants. "Oui, oui, qui est cette personne ?"

"Je ne sais pas. Je viens de l'entendre. Une nouvelle recrue, je suppose."

« Une recrue nommée Conroe ?

Ses yeux s'écarquillèrent devant la virulence de sa voix. "Je—je ne sais pas, je ne sais pas. J'ai seulement entendu parler. Je ne sais même pas s'il existe *une* telle personne."

« Où puis-je le savoir ?

Une fois de plus, la peur était dans ses yeux. "Je—je ne sais pas."

La voix de Jeff était tendue, ses yeux fixés sur le visage de la jeune fille avec un empressement désespéré. "Ecoute, tu dois m'aider. Je sais qu'il est là. Je dois le retrouver. Je l'ai vu cet après-midi. Tu te souviens quand les gardes m'ont amené ici ? Je l'ai vu dans les escaliers. Je l'ai poursuivi et je l'ai perdu, mais il est là. Il se cache, il me fuit. Je dois le trouver, d'une manière ou d'une autre. S'il te plaît, Blackie, tu peux m'aider.

Ses yeux étaient écarquillés sur son visage. "Qu'est-ce que tu lui veux ? Pourquoi tu le cherches ? Je ne veux pas me mêler de quoi que ce soit—"

"Non, non, ça ne va pas vous embrouiller. Écoutez, je veux le tuer. Court et doux, rien de plus, tuez-le. Je veux lui envoyer une balle dans le cerveau, regarder son visage éclabousser, regarder son visage." le crâne s'ouvre. C'est tout ce que je veux, juste une balle—"

La voix de Jeff était basse, les mots arrachés de sa gorge et la haine dans ses yeux était venimeuse alors qu'elle envahissait le visage de la jeune fille. "Il me hante, depuis des années il me hante." La voix de Jeff baissa, les mots brisant le silence de la pièce dans une cadence rauque et terrible. "Il a tué mon père. Ce Conroe... il a massacré mon père comme un animal, l'a abattu de sang-froid. C'était horrible, impitoyable. Conroe était l'assassin. Il a tué mon père sans aucune pensée de pitié dans son esprit. Et moi j'aimais mon père, je l'aimais de tout l'amour que j'avais." Il regarda la fille. "Je tuerai l'homme qui a tué mon père si je dois mourir moi-même dans ce meurtre."

"Et cet homme est là ?"

"Cet homme est ici. Je le chasse depuis des années. C'était son dernier recours, son dernier pari désespéré pour s'échapper. Il n'avait nulle part où se tourner. J'ai attaché l'extérieur pour qu'il n'ose pas s'enfuir. Partez. Maintenant, je dois le retrouver ici. Je dois le trouver et le tuer, avant d'être attrapé, avant d'être testé et classé. Je dois aller vite et j'ai besoin d'aide. . J'ai tellement besoin d'aide."

La jeune fille se pencha vers lui, les yeux sombres alors qu'elle le regardait. "Les dés," dit-elle doucement. "J'ai joué la carte du confort. Je le pourrais encore, si tu me le permets."

Ses yeux s'écarquillèrent. "Tout ce que tu dis," dit-il. "Nous allons jouer confortablement ensemble. Mais je dois avoir des plans d'étage de l'endroit, des informations sur la façon d'éviter les gardes. Je dois savoir où sont conservés leurs dossiers, leurs listes, leurs rôles et leurs plans de travail. "

"Alors c'est un marché ?"

Ses yeux croisèrent les siens, et pendant un instant il vit quelque chose derrière le masque qu'elle portait, quelque chose de la peur qui régnait là-bas, quelque chose d'un petit enfant qui luttait contre des obstacles impossibles pour trouver une place dans le monde. Puis la barrière fut remontée, et ses yeux étaient vides et ne révélaient rien.

Jeff tendit la main, toucha légèrement sa paume et serra les doigts. "C'est un accord", a-t-il déclaré.

Le trajet dans le couloir fut un cauchemar. L'esprit de Jeff était encore sous le choc de l'incroyable découverte des dés, de la prise de conscience soudaine et incroyable que lui et Blackie s'étaient battus silencieusement et férocement pour le contrôle, luttant avec une fureur qui avait d'une manière ou d'une autre brisé la chaîne même des probabilités dans la pièce où Ils ont été. Comment avait-il pu participer à une chose pareille ? Il n'avait jamais eu de raison de soupçonner qu'il pouvait détenir un tel pouvoir, mais il y avait là une preuve qu'il ne pouvait ignorer. Et comment cela pouvait-il s'insérer dans la question de Paul Conroe, et de la mystérieuse recrue des Mercy Men qui venait d'être testée ?

Une pensée frappa Jeff tout à coup. Cela a eu un tel impact qu'il s'est arrêté net dans son élan. C'était si simple, si impossible, mais pas plus impossible que les choses qu'il avait déjà vues de ses propres yeux. Parce que l'incroyable record d'évasions que Conroe transportait, la régularité impossible avec laquelle Conroe avait réussi à éviter d'être capturé, à maintes reprises, semblaient trop difficiles à accepter comme une coïncidence. Et si Conroe possédait effectivement des pouvoirs extrasensoriels latents, il pourrait continuer à glisser de piège après piège – *à moins que Jeff ne puisse opposer à ces pouvoirs ses propres pouvoirs* .

Jeff jura entre ses dents. Comment pouvait-il le savoir ? Il n'avait aucune preuve que Conroe possédait un quelconque pouvoir extrasensoriel, et il y en avait sûrement assez peu pour indiquer qu'il possédait plus que la plupart des pouvoirs latents. Il y avait tellement de possibilités et si peu de preuves concrètes sur lesquelles s'appuyer.

Et si Conroe avait de tels pouvoirs, pourquoi avait-il été si surpris de rencontrer Jeff dans les escaliers ? Pourquoi l'air de peur et d'incrédulité qui avait traversé son visage ? Jeff jeta un coup d'œil à sa montre et vit l'aiguille des minutes indiquer onze heures trente. Il allait devoir se dépêcher, car les gardes descendraient l'escalier roulant dans quelques instants. Et ces pensées ne pouvaient mener nulle part. Conroe avait été secoué de voir Jeff. Cela a dû être un choc horrible pour lui de réaliser que le Chasseur l'avait suivi, même dans ce piège mortel, de savoir que le Chasseur aurait l'extérieur si bien gardé que lui, le Traqué, ne pourrait jamais en sortir. Conroe serait désormais obligé de parier pour ne pas être arrêté et affecté au travail de Mercy Man. Oui, cela a dû être une horrible secousse pour Conroe, envoyant un dernier éclair de peur brûlant dans son esprit déjà désespéré. Et qu'aurait-il essayé de faire ?

Mille idées envahirent l'esprit de Jeff. Il attendait les tests. Peut-être que Conroe, d'une manière ou d'une autre, avait déjà été testé ? Jeff pourrait-il réussir à bloquer Schiml , surtout si les rumeurs qui courent dans les sombres couloirs étaient vraies ? Il n'y avait aucun moyen sûr de le savoir. Tout ce que Jeff pouvait faire était de fouiller les salles d'archives vers lesquelles Blackie lui avait indiqué.

Il s'arrêta à l'entrée de l'escalier roulant, examinant attentivement le plan que Blackie lui avait dessiné. Il repéra l'escalier roulant, s'orienta sur le plan. Les salles d'archivage se trouvaient deux étages plus bas. S'il pouvait les atteindre sans être arrêté... Il se dirigea silencieusement vers le puits inférieur, ses yeux bougeant constamment pour apercevoir un rôdeur vêtu de gris.

Au pied de l' escalier roulant, il s'arrêta net. Trois hommes en blanc poussaient une civière dans le couloir. Jeff jeta un rapide coup d'œil à la forme tremblante sous les couvertures. Puis il détourna précipitamment le regard. L'un des hommes se laissa tomber derrière lui et lui fit un signe brusque alors qu'il descendait les escaliers. L'homme portait toujours le masque opératoire accroché à son cou et ses cheveux étaient étroitement enfermés dans le bonnet d'opération en tricot vert.

Le médecin passa son pouce par-dessus son épaule et désigna le couloir. "Tu viens réparer la pompe ?"

Jeff cligna rapidement des yeux. "C'est vrai," croassa-t-il. "Est-ce que Jerry est déjà venu avec les outils ?"

"Personne n'est encore entré. Nous venons juste de finir. Nous sommes là depuis trois heures de l'après-midi, et cette foutue pompe s'est détraquée en plein milieu. J'ai dû aspirer le pauvre Joe à la main, et si vous pensez que ce n'est pas un travail..." *Le* docteur essuya la sueur de son front. « Mieux vaut le réparer ce soir. Nous en avons un autre qui arrive à huit heures du matin et nous devons avoir la pompe. »

Jeff hocha la tête et se dirigea vers le couloir, son cœur battant à tout rompre contre ses côtes. Il atteignit la porte ouverte de l'une des salles d'opération. Se glissant rapidement dans la petite annexe du vestiaire, il arracha une des robes et des casquettes accrochées au mur.

S'ils opéraient encore aussi tard, c'était une chance inespérée. Aucun garde ne le dérangerait s'il portait le blanc d'un médecin ou le vert d'un chirurgien. Il enfila péniblement sa robe maladroite, l'attacha rapidement derrière son dos et glissa le bonnet sur sa tête. Finalement, il trouva un masque, le plaça sous ses oreilles comme il l'avait vu porter par les médecins dans les couloirs.

En un instant, il était de retour sur l'escalier roulant, descendant à l'étage suivant. Au pied des escaliers, il s'engagea rapidement dans le couloir indiqué par Blackie, jetant un coup d'œil à chaque porte en passant. Les deux premiers portaient des lumières en dessous, indiquant qu'il s'agissait apparemment de salles d'opération encore utilisées. Finalement, il s'arrêta devant une grande et lourde porte, avec une simple pancarte peinte sur le panneau de bois : COMPUTOR TECHNICIANS ONLY . Il essaya d'ouvrir la porte et la trouva verrouillée. Rapidement, il jeta un coup d'œil de haut en bas dans le couloir, doubla un poing dur et l'enfonça à travers le panneau avec un craquement. Puis il fouilla à l'intérieur pour trouver la serrure.

En un instant, il était à l'intérieur. Le trou déchiré dans le panneau le fixait. Il ouvrit grand la porte et alluma les plafonniers, projetant la pièce dans une lumière fluorescente vive. Puis il rapprocha de lui la robe vert pâle et traversa la pièce jusqu'à l'immense panneau de dossiers qui lui faisait face.

Ce n'était pas sa première expérience avec les énormes fichiers sur cartes perforées, devenus si nécessaires dans les organisations où le nombre et le volume des enregistrements rendaient les opérateurs humains trop lents ou maladroits. Rapidement, Jeff se dirigea vers le panneau de contrôle principal et chercha la section et le système de codage pour Recherche : Personnel sujet.

Il essaierait d'abord de coder simplement le nom de Conroe, au cas où Conroe serait entré en utilisant son propre nom. Jeff revérifia le codage, appuya sur les boutons qui transmettraient les cartes par ordre alphabétique ; puis il attendit pendant que les machines vrombissaient brièvement. Un panneau s'est allumé près du bas du tableau de commande, épelant les deux mots : Aucune information .

Les doigts de Jeff parcoururent à nouveau le tableau de codage, alors qu'il commençait à coder une description. Il a codé la taille, le poids, la couleur des yeux, la couleur des cheveux, le contour des os, la formation des lèvres — toutes les autres catégories descriptives auxquelles il pouvait penser. Puis il appuya à nouveau sur le bouton « Rechercher ».

Cette fois, plusieurs dizaines de cartes sont tombées. Il les ramassa dans la fente et les feuilleta lentement, jetant un coup d'œil à la fois à la petite photographie attachée à chaque carte et au petit symbole de code « date d'admission » en haut de chaque carte. Encore une fois, il ne trouva rien. Dégoûté, il essaya à nouveau le même système, en ajoutant cette fois deux symboles de codage limitatifs : Personnel sujet et Admission récente. Et encore une fois , les cartes étaient négatives. Pas un seul d'entre eux n'aurait pu être lié à Paul Conroe.

Jeff s'est assis au bureau face au panneau et il a cherché dans son esprit une autre voie d'identification. Soudain, une pensée lui vint. Il chercha dans sa poche un portefeuille photo et en sortit la petite photo d'identité de Conroe qu'il avait sur lui à des fins d'identification.

En fouillant le panneau, il trouva finalement l'emplacement qu'il cherchait : la petite chambre photoélectronique pour enregistrer l'identification par image. Il glissa la photo dans la fente, appuya sur le bouton « Rechercher » et attendit encore, tout son corps tendu.

La machine bourdonna un long moment. Ensuite, une seule carte est tombée dans la fente. Jeff l'attrapa avec impatience et regarda la photo ci-jointe qui correspondait presque parfaitement à la photo de sa poche. Près du haut de la carte se trouvait une petite note dactylographiée : *Conroe, Paul A.* , Information Restricted. Toutes les notations de fichiers enregistrées dans les archives centrales du Hoffman Center.

Sous cette notation se trouvait une liste de dates. Jeff les lut, les regardant avec incrédulité, puis les relut. Incroyables, ces dates : dates d'admission au Centre Hoffman et dates de sortie. Il était impossible que Conroe ait pu être ici aux heures indiquées : il y a dix ans, lorsque le Centre Hoffman était à peine ouvert ; il y a cinq ans, à l'époque même où Jeff le traquait. Pourtant les dates étaient là, en noir sur blanc, froides, impersonnelles, indiscutables. Et sous les dates se trouvait une note finale, encrée à la main : CLASSIFICATION DES ARCHIVES CENTRALES : ESP RESEARCH .

Rapidement, Jeff fourra la carte dans sa chemise. Il reclassa les autres cartes avec des doigts tremblants, le cœur battant un effroyable tatouage sur son front. Incroyable, mais il savait, d'une manière ou d'une autre, que cela s'inscrivait dans le tableau, que c'était la clé du tableau. Il se retourna, se dirigea vers la porte et s'arrêta net.

« Schiml ! » il respirait.

Le personnage était allongé contre la porte, une casquette verte de travers sur la tête, un masque toujours autour du cou. Il y avait un sourire sur son visage alors qu'il se penchait en arrière, regardant Jeff avec amusement. Nonchalamment, il lança une paire de dés en l'air et les attrapa, toujours souriant. "Allons-y, Jeff", a déclaré le Dr Schiml . "Nous avons quelques tests à effectuer."

"Tu... tu veux dire, le matin," balbutia Jeff, n'en croyant pas ses oreilles.

Le sourire s'élargit sur les lèvres du docteur, il lança à nouveau les dés et les laissa tomber dans sa poche. "Pas le matin, Jeff," dit-il doucement. "Maintenant."

CHAPITRE SEPT

Jeff se laissa tomber sur la chaise, son front ruisselant de sueur. Il serra les poings alors qu'il essayait de reprendre le contrôle de ses muscles tremblants. *Depuis combien de temps Schiml était-il là ?* Juste une seconde ou deux ? Ou avait-il observé Jeff pendant dix minutes, le regardant taper les codes de classement, le regardant mettre la carte de classement dans sa chemise ? Il n'y avait rien à dire sur le visage du médecin, tandis que l'homme souriait à sa proie tremblante. Il n'y avait rien dans les yeux des gardes qui se tenaient derrière lui dans le couloir, les mains posées sur leurs lourdes armes de poing.

Schiml se tourna vers l'un d'eux, hocha légèrement la tête, et ils disparurent, leurs bottes résonant dans le couloir immobile derrière eux. Puis il tourna à nouveau son regard vers Jeff, le fantôme d'un sourire entendu vacillant toujours dans ses yeux. « Vous avez trouvé quelque chose d'intéressant ? » demanda-t-il en plissant légèrement les yeux.

Jeff porta une cigarette à ses lèvres et saisit le briquet pour le stabiliser. "Rien à proprement parler," dit-il d'une voix rauque. "Ça fait longtemps que je n'avais pas travaillé sur un de ces dossiers." Ses yeux croisèrent ceux de Schiml avec défi, et les fixèrent avec désespoir. Enfin Schiml cligna des yeux et détourna le regard.

"Vous cherchez quelque chose de spécial ?" » demanda-t-il doucement.

"Rien de spécial." Jeff souffla de la fumée dans la pièce, ses nerfs tremblants se calmant légèrement.

"Je vois. Juste du tourisme, je suppose."

Jeff haussa les épaules. "Plus ou moins. Je voulais voir la configuration."

Un sourire sec apparut sur le visage de Schiml . "En particulier la configuration dans la salle d'archivage," dit-il doucement. "Je pensais te trouver ici. Blackie a dit que tu venais juste de sortir pour une courte promenade, alors nous avons juste deviné." Les yeux du médecin se durcirent brusquement sur le visage de Jeff. "Et tous habillés comme un docteur aussi."

Il traversa la pièce, ôta la casquette de la tête de Jeff, attacha le cordon à la robe d'un simple coup de main. "Nous ne faisons pas ça ici", dit-il d'une voix tranchante comme un rasoir. "Les médecins les portent, personne d'autre. Vous avez bien compris ? Nous ne nous promenons pas non plus par effraction dans les salles d'archivage, nous regardons simplement la configuration. Si les gardes vous avaient surpris, vous ne seriez pas en vie en ce moment - ce qui aurait été le cas." C'est vraiment dommage, puisque nous avons des projets pour vous. Il montra la porte du pouce. "Après toi, Jeff. Nous avons du travail à faire ce soir."

Jeff sortit dans le couloir, se plaça à côté du grand médecin alors qu'il se dirigeait vers l'escalator. "Tu n'avais sûrement pas l'intention de me tester ce soir, sûrement."

Le Dr Schiml le dévisagea. "Et pourquoi pas?"

"Ecoute, il est tard. Je serai là demain matin."

Le docteur marcha en silence pendant un long moment. Jeff le suivit, son esprit s'emballant, mille questions se succédant rapidement : des questions qu'il n'osait pas poser, des questions auxquelles il ne pouvait pas répondre. Que savait Schiml ? Et à quel point s'en doutait-il ? Un frisson parcourut le dos de Jeff. Qu'avait-il fait avec les dés ? Blackie aurait-il pu le lui dire ? Ou aurait-il pu entendre parler de l'événement bizarre survenu dans la salle de jeux par d'autres canaux ? Et que pourrait-il apprendre au cours des tests qu'il ne savait pas déjà ?

Jeff était perplexe alors qu'il suivait le rythme rapide du médecin. Ils montèrent l'escalator, descendirent le couloir sinueux vers une zone au-delà des quartiers d'habitation que Jeff n'avait jamais vue auparavant. Il devait surtout garder son sang-froid, garder un contrôle strict sur sa langue, sur ses réactions, s'assurer qu'il n'y avait pas de ruses pour lui arracher des informations qu'il n'osait pas divulguer.

Il regarda Schiml brusquement, un froncement de sourcils sur le visage. "Je ne vois toujours pas pourquoi cela ne peut pas attendre jusqu'au matin. Pourquoi cette grande hâte ?"

Schiml s'arrêta et se tourna vers Jeff avec exaspération. "Tu penses toujours que nous gérons un terrain de pique-nique ici, n'est-ce pas ?" » cracha-t-il. "Eh bien, ce n'est pas le cas. Nous faisons un travail, un travail qui ne peut pas attendre le matin ou quoi que ce soit d'autre. Nous travaillons ici 24 heures sur 24. Tout ce que vous faites, c'est de fournir les moyens de travailler. avec... rien de plus."

"Mais je serai fatigué, nerveux. Je ne vois pas comment je pourrais réussir un quelconque test."

Schiml rit brièvement. " Ce n'est pas le genre de tests qu'on réussit ou qu'on échoue. En fait, plus vous êtes fatigué et nerveux, meilleurs seront vos résultats. Ils vous donneront un avantage supplémentaire en matière de sécurité lorsque vous serez affecté à un " Ce que les tests nous disent, c'est ce que nous pouvons attendre de vous, le minimum. En gros, nous travaillons pour vous sauver la vie. "

Jeff cligna des yeux et le suivit à travers les portes battantes jusqu'à un long couloir bien éclairé, avec des murs verts et un sol carrelé brillant. « Que veux-tu dire par sauver ma vie ? Tu sembles apprécier exactement le contraire ici, d'après ce que j'ai entendu.

Le docteur poussa un bruit impatient. "Vous avez reçu des informations erronées", dit-il avec colère. " C'est là le problème. Vous insistez pour écouter et croire les histoires morbides, tous les désagréments que vous entendez sur le travail ici. Et tout cela est soit complètement faux, soit seulement à moitié vrai. Cette affaire de soif de sang, par exemple. C'est tout simplement clair. pas vrai.

"L'un des facteurs les plus importants dans notre travail ici est de prendre des dispositions pour créer des conditions optimales pour le succès de nos expériences. Par "optimale", nous entendons les meilleures conditions à plusieurs points de vue : du point de vue de ce que nous essayons d'apprendre : l'expérience . En lui-même, c'est-à-dire - et du point de vue du chercheur également. Mais plus particulièrement, nous travaillons pour obtenir des chances de guérison optimales pour les animaux expérimentaux - vous, dans ce cas.

Jeff renifla. "Mais de votre point de vue, nous ne sommes que des animaux expérimentaux", dit-il sèchement.

"Pas *seulement* des animaux expérimentaux", rétorqua Schiml avec colère. "Vous êtes *les* animaux expérimentaux. Travailler avec des êtres humains n'est pas la même chose que travailler avec des chats, des chiens et des singes, loin de là. Les chiens et les chats sont plus forts et plus résistants, plus durables que les humains, c'est pourquoi ils sont utilisés." pour un travail préliminaire très réussi. Mais au fond, ils sont remplaçables. Si quelque chose ne va pas, c'est dommage. Mais nous avons appris quelque chose, et le chien ou le chat peut être sacrifié sans trop de larmes. Mais nous ne ressentons pas c'est la même chose pour les êtres humains. »

"Je suis heureux d'entendre ça", dit Jeff avec aigreur. "Cela me fait me sentir mieux."

"Je n'essaie pas d'être facétieux. Je le pense sincèrement. Nous ne sommes pas des goules. Nous n'avons pas moins de respect pour la vie humaine que quiconque, simplement parce que nous sommes responsables d'une certaine mort humaine dans le travail que nous faisons." D'une part, nous étudions chaque être humain que nous utilisons, essayons de découvrir ses forces et ses faiblesses, physiques et mentales. Nous voulons savoir comment il réagit à quoi, à quelle vitesse il récupère, quelle quantité de punition physique son corps peut Prenez, jusqu'où sa résilience mentale s'étendra. Ensuite, lorsque nous connaîtrons ces choses, nous pourrons l'intégrer au programme de recherche qui lui donnera les meilleures chances de s'en sortir en un seul morceau. En même temps, il remplira un " C'est un endroit que nous devons combler. Non, il n'y a aucun plaisir ici à prendre des vies humaines ou à mettre en danger la sécurité humaine. "

Ils quittèrent brusquement le couloir et entrèrent dans un petit bureau. Schiml fit signe à Jeff de s'asseoir derrière un petit bureau et commença à trier plusieurs piles de formulaires. La pièce resta silencieuse pendant un moment. Puis le médecin appuya sur un bouton du panneau téléphonique.

Lorsque la lumière lui répondit, il dit : "Gabe ? Il est là. Tu ferais mieux de venir."

Puis il baissa l'interrupteur et se pencha en arrière, allumant un long et mince cigare et défaisant la robe verte autour de son cou.

Jeff le regardait, toujours perplexe quant à ce qu'il venait de dire. Le médecin semblait si neutre. Ce qu'il avait dit avait du sens, mais quelque part dans l'image, il semblait y avoir un trou béant. "Cela semble être une excellente configuration, pour vous, médecins et chercheurs", dit-il finalement. "Mais à quoi cela mène-t-il ? À quoi cela sert-il ? Oh, je sais, cela augmente votre connaissance de l'esprit des hommes, mais en quoi cela aide-t-il l'homme de la rue ? En quoi cela aide-t-il réellement quelqu'un, à long terme ? Comment parvenez-vous jamais à convaincre le gouvernement de le soutenir face au désastre financier auquel il est confronté à Washington ? »

Schiml renversa la tête et éclata de rire. "Vous avez la charrue avant les bœufs", dit-il lorsqu'il reprit le contrôle de sa voix. "Soutien ? Écoutez, mon garçon, le gouvernement se met en faillite juste pour poursuivre nos recherches. Vous en êtes-vous rendu compte ? Il se *met en faillite !* Et pourquoi ? Parce que si notre travail ne porte pas ses fruits - et bientôt - il n'y aura pas de soutien. " Le gouvernement est parti. C'est pourquoi. Parce que nous luttons contre quelque chose qui ronge les racines mêmes de notre civilisation, quelque chose qui rampe, grandit et détruit. "

Il regarda Jeff, les yeux écarquillés. "Oh, le gouvernement sait que la situation est grave. Nous avons dû le leur prouver, le leur montrer encore et encore, jusqu'à ce qu'ils ne puissent plus le manquer. Mais ils l'ont finalement vu. Ils l'ont vu grandir. pendant un siècle ou plus, depuis la fin de la Seconde Guerre. Ils ont vu l' instabilité des affaires, les paniques bancaires et la chute des marchés boursiers. Ils ont vu la décadence mentale et morale dans les villes. Ils ont pu le voir, mais il a fallu des statistiques pour prouver qu'il y avait un schéma, un schéma de décadence, de pourriture et de putréfaction qui a effondré les pieds d'argile de notre civilisation colossale.

Le médecin se leva, fit les cent pas à travers la pièce et envoya de la fumée bleue dans l'air du cigare pendant qu'il marchait. "Oh, ils nous soutiennent, c'est vrai. Nous ne savons pas avec certitude contre quoi nous combattons, mais nous savons que la réponse réside dans le fonctionnement de l'esprit et du cerveau de l'homme. Nous travaillons contre une maladie, une maladie rampante. maladie de l'esprit des hommes - et nous sommes obligés d'utiliser des hommes pour sonder ces esprits, les étudier, pour essayer d'éliminer le poison de la maladie. Et nous avons donc les Mercy Men pour nous aider à combattre.

Les lèvres du docteur se tordirent en un ricanement amer alors qu'il se rasseyait lourdement sur la chaise et croquait vicieusement le cigare dans le plateau. "Des hommes de miséricorde qui n'ont aucune pitié dans leur âme, qui n'ont aucun intérêt ni souci de ce qu'ils font, ou de ce qu'ils peuvent accomplir. Ils ne s'intéressent qu'à une chose : le montant d'argent qui leur sera payé pour avoir leur cerveau s'est déchaîné.

Le mépris était lourd dans les yeux du Dr Schiml . "Eh bien, peu nous importe qui nous avons : des toxicomanes, des meurtriers condamnés, des prostituées, les ordures des caniveaux des débarras. Ils sont tous attirés ici, comme des mouches vers un tas de fumier. Mais ils sont ici pour faire des courses. miséricorde, qu'ils le veuillent ou non, qu'ils le sachent ou non. Et nous les prenons parce qu'ils sont les seuls qui peuvent être achetés, et nous les gardons pour tout ce que nous valons, afin que le but soit atteint. " Il prit une profonde inspiration et regarda Jeff avec mépris. "C'est de toi dont je parle, tu sais."

Les mains de Jeff tremblaient alors qu'il expirait sa fumée. Il se leva alors que la porte du couloir s'ouvrait, laissant apparaître un petit homme aux cheveux noirs avec d'épaisses lunettes. Il était vêtu d'une tenue de médecin. Jeff se frotta nerveusement la poitrine et prit une profonde inspiration, toujours parfaitement conscient de la carte rigide sur le devant de sa chemise.

"Très bien," dit-il d'une voix rauque, "donc tu parles de moi. Quand est-ce qu'on commence avec ça ?"

La petite loge était exiguë ; ça puait l'anesthésique. Jeff entra, suivi du Dr Schiml et de l'autre médecin, et commença à retirer ses chaussures. "Voici le docteur Gabriel", dit Schiml en désignant son collègue myope. "Il va commencer par un examen médical complet. Ensuite, vous aurez un examen neurologique. Venez dans la pièce voisine dès que vous serez déshabillé." Et sur ce, les deux médecins disparurent par des portes battantes dans une pièce intérieure.

Jeff ôta rapidement sa chemise et son pantalon, pliant soigneusement la fiche et la glissant sous la semelle intérieure de sa chaussure droite. Ce n'était pas exactement la cachette idéale si quelqu'un cherchait la carte. Mais pas une seule fois au cours de la conversation, les yeux de Schiml ne se sont tournés curieusement vers le devant de la chemise de Jeff. Ou bien Schiml ne l'avait pas vu prendre la carte, ou bien la maîtrise de soi du médecin était surhumaine. Et aucune mention des dés n'avait été faite non plus. Jeff donna une dernière tape à ses chaussures, jeta ses vêtements sur l'une des civières bordant les murs et poussa les portes de la pièce voisine.

Il était immense, avec un plafond en forme de dôme et une douzaine de cloisons séparant les différentes sections les unes des autres. Une extrémité ressemblait à une salle de classe, avec des tableaux noirs occupant tout un mur. Une autre section transportait l'attirail d'un gymnase complet. Les médecins étaient assis dans un coin qui était visiblement aménagé comme une salle d'examen : les tables étaient recouvertes de draps verts impeccables et les murs étaient recouverts d'armoires brillantes remplies de paquets et d'instruments emballés dans du vert.

Schiml était assis sur le bord d'un bureau. Ses yeux observaient Jeff de près alors qu'il allumait une cigarette, se penchait en arrière et soufflait des bagues en l'air. Le Dr Gabriel a fait signe à Jeff de s'asseoir à la table et a commencé l'examen physique sans plus tarder.

C'était l'examen physique le plus rigoureux et le plus minutieux que Jeff ait jamais subi. Le petit docteur, qui louchait, le poussa et le sonda de la tête aux pieds. Il a pris des photos de la rétine, examiné les pores, écouté, palpé, cogné, ausculté. Il fit signe à Jeff de s'asseoir à nouveau sur la chaise et commença à le frapper avec un marteau en caoutchouc, le tapotant brusquement dans des dizaines de zones, provoquant une variété des plus déconcertantes de secousses et de contractions musculaires. Ensuite, le marteau a été remplacé par une petite électrode, avec laquelle le médecin a sondé et testé, provoquant des secousses spasmodiques dans les muscles du dos, des bras et des cuisses de Jeff. Finalement, le Dr Gabriel s'est détendu, a assis Jeff dans un fauteuil moelleux et s'est retiré dans une petite armoire à instruments portable à proximité.

Le Dr Schiml éteignit sa cigarette et se leva. " Des questions avant de commencer ? "

Jeff soupira presque à haute voix. Des questions? Ses nerfs le picotaient partout et son esprit était plein de conjectures – des suppositions folles et ridicules sur ce qu'ils découvriraient lors des tests, sur ce que les résultats apporteraient. Supposons qu'ils aient appris l'existence des dés ? Supposons qu'ils découvrent qu'il s'agit d'un imposteur, qu'il est au Centre pour une mission privée, une mission de mort qui lui est propre, et qu'il n'est pas partie prenante à leurs propres missions de mort ? Et pourtant, s'il devait aller jusqu'au bout, le type de travail qui lui serait confié dépendrait des résultats des tests – cela semblait sûr. Mais que se passerait-il s'ils le rendaient inconscient, l'assommaient, consommaient de la drogue ?

Son esprit courait frénétiquement, cherchant un moyen de bloquer les choses, un moyen de ralentir les formalités administratives des tests et des affectations, pour lui donner le temps d'accomplir sa propre mission et de s'en sortir. Mais il savait qu'il avait déjà dû éveiller des soupçons. Schiml devait se douter que toutes les cartes n'étaient pas sur la table, mais il semblait prêt à ignorer ses soupçons. Et les roues avaient commencé à bouger de plus en plus rapidement, l'amenant au point critique où il devrait signer une décharge et accepter une mission, ou révéler le véritable but de sa présence au Centre. S'il devait trouver Conroe, il devait le trouver avant que les jetons ne soient épuisés.

Il regarda Schiml , son esprit cherchant toujours quelque chose à quoi s'accrocher. Il n'a rien trouvé. "Non. Pas de questions, je suppose", a-t-il dit.

Le médecin le regarda attentivement, puis haussa les épaules avec résignation. "Très bien," dit-il avec lassitude. "Vous aurez toute une série de tests de toutes sortes : endurance physique, vigilance mentale, temps de réaction, intelligence, santé mentale - tout ce que nous pourrions avoir besoin de savoir. Mais je dois vous prévenir d'une chose." Il regarda Jeff, ses yeux mortellement sérieux. "Tous ces futurs tests sont subjectifs. Tous nous renseigneront sur vous en tant que personne : comment vous pensez, comment vous vous comportez. Des éléments désespérément essentiels si vous voulez survivre au genre de travail que nous faisons ici. Ce que nous trouvons est toute la base de nos missions."

Il s'arrêta un long moment. "Il serait sage de s'en tenir à la vérité. Pas d'embellissements, pas de trucs fantaisistes. Nous ne pouvons rien y faire si vous ne choisissez pas de suivre les conseils. Mais si vous falsifiez, vous altérez votre propre l'espérance de vie ici."

Jeff cligna des yeux, se déplaçant sur son siège avec inquiétude. *Ne t'inquiète pas pour ça, Jack , pensa-t-il. Je ne serai pas là assez longtemps pour que cela fasse une différence.* Néanmoins, les paroles du docteur étaient loin d'être apaisantes. Si seulement Jeff pouvait maintenir la fraude tout au long des tests, gardez son sang-froid à mesure que les tests progressent. Il pourrait alors reprendre la chasse dès qu'ils auraient fini.

Il regarda le médecin préparer un long papier sur le bureau. Puis une série de questions rapides a commencé : antécédents familiaux, antécédents personnels, antécédents de maladies familiales et de maladies personnelles. Les questions étaient rapides et pragmatiques, et Jeff sentit ses muscles se détendre alors qu'il se rasseyait. Il répondit presque automatiquement. Puis : « Avez-vous déjà été hypnotisé auparavant ?

Quelque chose dans l'esprit de Jeff se figea, criant un avertissement. "Non," dit-il sèchement.

de Schiml s'écarquillèrent imperceptiblement. "Une partie des tests doit être effectuée sous hypnose, pour votre bien et pour la rapidité." Ses yeux croisèrent ceux de Jeff. "À moins que vous n'ayez une raison de vous opposer—"

"Ça ne marchera pas," mentit rapidement Jeff, son esprit s'emballant. "Une sorte de blocage psychique – induit dans l'enfance, probablement. Mon père aussi avait un blocage contre cela." Chaque muscle de son corps était tendu et il s'assit en avant sur son siège, les yeux écarquillés.

Schiml haussa les épaules. "Cela rendrait les tests cent pour cent plus faciles pour vous si vous les autorisiez. Certains de ces tests sont assez épuisants et d'autres prennent beaucoup de temps sans aide à la récupération par hypnotiques. Et bien sûr, nous gardons toutes les informations strictement confidentielles - "

"Pas de dés", dit Jeff d'une voix rauque.

Le médecin haussa encore les épaules, jetant un coup d'œil au Dr Gabriel. « Tu entends ça, Gabe ?

Le petit docteur haussa les épaules. "Ses funérailles", grogna-t-il. Il fit rouler un petit instrument aux panneaux brillants avec des écouteurs à côté de Jeff. "On va donc commencer par les moins fatigants. C'est un test auditif. Très simple. Il suffit d'écouter, de noter les signaux que l'on entend. Gardez les yeux sur l'oculaire, il enregistre les temps de corrélation visio-audio, nous dit combien de temps après avoir entendu un mot, vous en formez une image visuelle. Il passa les écouteurs sur la tête de Jeff et déplaça une feuille de réponses imprimée devant lui sur le bureau. Et puis les écouteurs ont commencé à parler.

Il y eut une longue série de mots, devenant progressivement de plus en plus doux. Jeff les nota rapidement, oubliant progressivement son environnement et concentrant son attention sur le test. Les médecins se retirèrent de l'autre côté de la pièce. Ils se parlèrent à voix basse, jusqu'à ce qu'il ne les entende plus. Il n'y avait que des chuchotements sourds et insistants dans les écouteurs.

Et puis les mots semblèrent de nouveau devenir plus forts, mais d'une manière ou d'une autre, il avait perdu la trace de ce qu'ils signifiaient. Il écoutait, ses yeux observant l'écran gris nacré et froid des oculaires. Ses doigts étaient prêts à écrire les mots, mais il ne parvenait pas à comprendre les syllabes.

C'étaient *des syllabes absurdes* , des syllabes sans signification. Ses yeux s'ouvrirent grand, un éclair de suspicion le traversa, et ses mains agrippèrent les accoudoirs de la chaise alors qu'il commençait à se lever.

Et puis la lumière a explosé dans ses yeux avec un éclat si angoissant qu'elle a provoqué une douleur lancinante qui lui a traversé le cerveau. Il poussa un cri étouffé. Il se débattit et essaya de se lever de sa chaise. Mais il fut aveuglé par le faisceau perçant. Et puis il sentit l'aiguille lui piquer le bras, et les mots absurdes dans ses oreilles se transformèrent en phrases pleines de sens. Une voix douce et apaisante disait : "Détendez-vous... détendez-vous... asseyez-vous et détendez-vous... détendez-vous et reposez-vous..."

Lentement, la chaleur envahit son corps et il sentit ses muscles se détendre, même si la voix le lui demandait. Il s'installa doucement dans son fauteuil et bientôt son esprit fut libéré de toute peur, inquiétude et suspicion. Il dormait toujours avec la paisible aisance d'un nouveau-né.

CHAPITRE HUIT

Cela n'aurait jamais pu se faire sans l'hypnose. Dans de larges limites, le corps humain est capable de faire exactement tout ce dont il *pense* être capable. Mais le corps humain ne pourrait guère être blâmé si les conventions avaient décidé depuis longtemps que l'effort était mauvais, que s'efforcer jusqu'à la limite de l'endurance était malsain, que s'approcher - même obliquement - de la marge de sécurité de la résilience humaine équivalait à approcher la mort les bras tendus. . Cette convention ainsi déclarée était bien connue des chercheurs du Centre Hoffman.

Mais on savait aussi que le corps humain, sous la suggestion apaisante de l'hypnose, pouvait être transporté jusqu'à cette marge de sécurité et au-delà. En fait, elle pourrait être poussée presque jusqu'au point de rupture sans aucune émotion, sans l'ombre d'une protestation, sans le moindre signe de peur.

Et ce sont les conditions qui étaient absolument nécessaires pour tester les Mercy Men. Pourtant, même si l'hypnose était nécessaire, les hommes qui venaient aux Mercy Men rejetaient sans faute l'hypnose. Ils ont toujours eu peur de divulguer un secret de leur passé. Qu'il s'agisse d'une méfiance à l'égard des médecins et des examens effectués au Centre, ou d'une simple et ordinaire malignité de caractère, personne n'en connaissait tous les motifs. Mais ceux qui avaient le plus besoin de l'hypnose la rejetèrent avec le plus de véhémence. Cela a forcé le développement de techniques d'hypnose par la force.

Cela aurait ennuyé Jeff s'il l'avait su. En fait, cela l'aurait poussé au comble de la colère, car Jeff, entre autres choses, avait peur. Mais il n'était pas nécessaire qu'il l'ait été, et cela ne faisait aucune différence qu'il le soit. Désormais, Jeff ne souffrait plus de sa peur. Son esprit était dans une brume calme et heureuse, et il sentit son corps à moitié soulevé, à moitié conduit à travers la pièce jusqu'à la première section de la salle d'examen.

Même maintenant, il y avait une petite sentinelle à la voix aiguë cachée dans un coin de son esprit, criant son message de vigilance et de peur à Jeff. Mais il rit intérieurement, s'enfonçant encore plus dans le calme de son sommeil ambulant. La voix du Dr Gabriel était dans son oreille, sa voix douce et apaisante, lui parlant doucement, lui donnant des instructions simples. Rapidement, il lui a fait découvrir une série de tests qui auraient pris de longues et difficiles journées à réaliser. Cela l'aurait laissé dans une dépression psychotique à la fin, s'il n'avait pas eu le tampon récupérateur de l'hypnose pour l'aider.

Tout d'abord, il s'est habillé de vêtements doux en flanelle et a emménagé dans le gymnase. Des enregistreurs étaient attachés à ses jambes, ses bras et sa gorge. Ensuite, on lui a officiellement présenté le tapis roulant et on lui a discrètement demandé de le faire fonctionner jusqu'à ce qu'il s'effondre. Il sourit et obéit, courant comme si les furies étaient à ses trousses. Il courut jusqu'à ce que son visage devienne violet et que ses muscles se noient. Finalement , il tomba, incapable de continuer.

Cela s'est produit après dix minutes de course en limite maximale. Viennent ensuite cinq minutes de récupération sous suggestion : « Votre cœur bat plus lentement. Vous respirez lentement et profondément... vous détendez... vous détendez. Quelqu'un lui prit le bras et il repartit, cette fois sur le vieux et fiable Harvard Step-Test, sautant sur la chaise et redescendant. Il a fait cela jusqu'à ce qu'une fois de plus il reste haletant sur le sol, à peine capable de bouger alors que les changements de son pouls et de sa respiration étaient soigneusement enregistrés.

Vient ensuite un match de handball animé. On lui a remis une petite balle en caoutchouc dur et on lui a demandé de participer à un jeu de capture avec une machine stationnée au fond d'un casier. La machine jouait fort, faisant tourner la balle et la lançant sur Jeff avec une rapidité si incroyable qu'il fut obligé d'abandonner toute réflexion. Instinctivement, il tendit la main pour attraper le ballon. Ses doigts brûlaient de douleur alors qu'il l'attrapait et le faisait passer à l'intérieur, pour ensuite le renvoyer, deux fois plus vite. Bientôt, il se déplaça aussi automatiquement qu'une machine, attrapant, lançant, son esprit refusant d'accepter la douleur et le gonflement de ses doigts, tandis que la balle frappait, frappait et frappait...

Ensuite, une petite échelle a été roulée. Il a écouté attentivement les instructions, puis a couru de haut en bas de l'échelle jusqu'à ce qu'il s'effondre du haut. Il a été posé doucement sur le sol pendant que des échantillons de sang étaient prélevés sur son bras. Puis il s'assit, regardant fixement le sol. Une voix dit : "Détends-toi, Jeff, repose-toi. Dors tranquillement, Jeff. Tu seras prêt à creuser et à te battre dans une minute. Maintenant, détends-toi."

Plusieurs personnes étaient présentes ; on lui apporta une boisson lourde et sucrée, tiède et révoltante. Il l'a bu, en s'étouffant, en le renversant sur le devant de sa chemise. Puis il a souri et s'est léché les lèvres pendant que d'autres échantillons de sang étaient prélevés. Et puis, il a été autorisé à boire de l'eau fraîche. Il est resté les yeux rivés sur ses pieds pendant cinq minutes entières de récupération avant le début de la prochaine étape des tests.

Les lumières étaient réparties sur trois longues colonnes. Ils s'étendaient aussi loin que Jeff pouvait voir l'horizon. Certains clignaient des yeux ; certains brillaient avec une intensité constante, tandis que d'autres étaient sombres.

"Appelez les colonnes un, deux et trois", dit le Dr Gabriel, tout près, d'une voix douce et patiente. "Enregistrez la position des lumières telles que vous les voyez maintenant. Ensuite, lorsque le signal retentit, commencez à enregistrer chaque changement de lumière que vous voyez dans les trois colonnes. Faites-le vite, Jeff, aussi vite que possible."

L'œil est un merveilleux instrument de précision, capable de détecter une infinité de mouvements et de changements. Il est assez délicat de distinguer, si nécessaire, chaque image fixe composant le film qui scintille si rapidement devant lui sur l'écran blanc. Les doigts de Jeff bougèrent, son crayon enregistra, passant rapidement de la première à la deuxième colonne, puis à la troisième. Le crayon bougea rapidement jusqu'à la fin du test.

Alors passons au prochain test....

Des fils d'électrodes étaient attachés à chacun de ses dix orteils et à chacun de ses dix doigts.

"Écoutez une fois, Jeff. Le premier orteil droit correspond au pouce gauche, le deuxième orteil droit à l'index droit. (C'est merveilleux, l'hypnopalamine, une seule répétition pour apprendre) Lorsque vous ressentez un choc dans un orteil, appuyez sur le bouton du doigt correspondant. Prêt maintenant, Jeff, aussi vite que possible.

Choquer, appuyer, choquer, appuyer. L'esprit de Jeff était immobile, silencieux, vide, un circuit ouvert permettant aux réactions de s'accélérer sans entrave, sans modulation. Un autre tour terminé et passons au suivant....

docteur Schiml surgissait d'un endroit lointain. "Tout va bien?"

"Ça va bien, très bien. Aussi doux que possible."

"Aucun problème nulle part ?"

"Non, pas de problèmes. Aucun que je puisse voir, pour l'instant."

"Je veux fumer."

Le Dr Gabriel se détendit, offrit à Jeff une cigarette provenant d'un paquet froissé, tendit son briquet et sourit. Il remarqua que les yeux écarquillés de Jeff manquaient d'attention et ne pouvaient pas voir la flamme étendue. "Comment te sens-tu, Jeff ?"

"Bien bien-"

"J'ai encore beaucoup à faire."

Une lueur de peur traversa ses yeux ternes. "Très bien. Seulement j'espère..."

"Oui?"

"... j'espère que nous finirons. Je suis fatigué."

"Somnolent?"

"Ouais, j'ai sommeil."

"Eh bien, nous aurons tout sur des cartes perforées pour Tilly dans quelques heures. Tous les facteurs vous concernant que ces tests découvriront prendraient cinq cents ans à une équipe de recherche pour les intégrer au point où cela signifierait quelque chose . " Avec Tilly, cela prend cinq minutes. Elle ne fait pas d'erreurs non plus. "

"Belle Tilly."

"Et une fois les résultats connus, vous êtes assigné, vous signez votre libération et vous êtes sur la bonne voie pour gagner de l'argent."

nouvelle lueur de peur revint, plus profonde cette fois. "Argent...."

Plus de tests, plus de tests. Entendez un son, appuyez sur un bouton. Regardez une photo, enregistrez-la. Test après test sans fin, des dizaines d'enregistrements, son cerveau devenant fatigué, fatigué. Puis dans la pièce lumineuse et étincelante, sur la table drapée de vert.

"Pas de douleur, Jeff, rien à craindre. Termine dans juste une minute."

trefine mince et méchant ; il entendit le bourdonnement du moteur, sentit le choc grinçant. Mais il n'y a eu aucune réaction, aucune douleur. Et puis il ressentit un curieux picotement dans ses bras et ses jambes, alors que les petites plaques terminales de l'électroencéphalographe pénétraient dans son crâne à travers les minuscules trous percés.

Il regarda avec des yeux ternes les petites lumières du tableau de commande à proximité commencer à clignoter, s'allumer et s'éteindre. Les flashs suivaient un schéma nerveux et mouvementé, enregistrant l'activité de chaque cellule cérébrale sur un film stroboscopique supersensible. Ceci, à son tour, était automatiquement transmis à Tilly pour analyse. Et puis les trous de tréfine ont été bouchés à nouveau et sa tête a été étroitement scotchée, et il a été ramené dans une autre pièce pour encore cinq minutes de récupération.

« Vous avez déjà touché les taches d'encre ?

"Pas encore, Rog. Calme-toi, nous arrivons. Les taches d'encre et les renseignements suivent ensuite, et ainsi de suite."

Quelque chose remua profondément dans l'esprit de Jeff, même à travers les illusions apaisantes de l'hypnose. Il remua et cria au premier signe des formes étranges et colorées sur les cartes. Quelque chose de profond dans l'esprit de Jeff s'est frayé un chemin jusqu'à ses lèvres alors que le Dr Gabriel dit doucement : « Regardez-les, Jeff, et dites-moi ce que vous voyez.

"Non ! Emportez-les."

"Qu'est-ce que c'est ? Doucement, Jeff. Détends-toi et regarde."

Jeff était debout, reculant, un feu sauvage, impuissant et coincé dans les yeux. "Emmenez-les. Sortez-moi d'ici. Va-t'en—"

"Jeff!" La voix était aiguë, autoritaire. "Asseyez-vous, Jeff."

Jeff se laissa tomber sur le siège avec précaution, les yeux méfiants. Le médecin bougea sa main et Jeff sursauta d'un pied, claquant des dents.

"Qu'est-ce qu'il y a, Jeff ?"

"Je—je n'aime pas... ces... cartes."

"Mais ce ne sont que des taches d'encre, Jeff."

Jeff fronça les sourcils et plissa les yeux vers les cartes. Il se gratta la tête avec perplexité. Lentement, il se laissa tomber sur la chaise, sans même remarquer que les sangles de retenue se refermaient sur ses bras et ses jambes, se resserraient.

"Maintenant, regarde les photos, Jeff. Dis-moi ce que tu vois."

La perplexité grandissait sur son visage lourd, mais il regardait et parlait lentement, d'une voix rauque. Une tête de chien, un petit gnome, une grosse chauve-souris rouge .

"Doucement, Jeff. Il n'y a rien à craindre. Détends-toi, mec, détends-toi..."

Puis vinrent les tests d'association de mots : une demi-heure de mots et de réponses, tandis que la peur envahissait le cerveau de Jeff, se rassemblant, s'accroupissant, prêt à bondir, attendant dans une horrible anticipation quelque chose, quelque chose qui allait arriver aussi sûrement que des heures après des heures. Jeff sentit les sangles lui couper les poignets pendant que les mots étaient lus. Il tremblait d'un pressentiment grandissant.

Dr Schiml était revenu, toujours inquiet, les yeux brillants. "Tout va bien, Gabe ?"

" Je ne sais pas , Rog. Quelque chose de drôle avec les taches d'encre. Vous pouvez jeter un coup d'œil au rapport. L'association des mots est également foirée. Je ne peux pas le repérer, mais il y a quelque chose de drôle. "

"Donnez-lui une minute de repos et renforcez la palamine . Il y a probablement une puissante vitalité qui s'y oppose."

Le Dr Gabriel fut de retour quelques instants plus tard, et une autre aiguille mordilla brièvement le bras de Jeff. Puis le médecin se dirigea vers le bureau et sortit la petite boîte carrée en plastique. Il laissa tomber les cartes dans sa main. C'étaient de petites cartes au dos uni avec des symboles rouge vif sur le visage.

Le Dr Gabriel les tenait sous le nez de Jeff. « Cartes du Rhin », dit-il doucement. "Quatre symboles différents, Jeff. Regarde bien . Un carré, un cercle..."

C'était comme une entaille, enfoncée dans l'esprit de Jeff, le déchirant sans pitié. Un tisonnier brûlant et fumant était enfoncé dans les tissus mous et cireux de son cerveau.

"Mon Dieu, tiens-le!"

Jeff a crié, bien réveillé, les yeux exorbités de terreur. Avec un rugissement animal, il arracha ses attaches, les arracha du bois brut et s'élança à travers la pièce dans un vol aveugle et terrifié. Il a traversé la pièce en courant et a frappé de plein fouet le solide mur de briques. Il frappa avec un bruit sourd écoeurant, frappa le mur avec ses poings, criant encore et encore. Et puis il s'est effondré au sol, le nez cassé, le visage en sang, les doigts à vif et les ongles cassés.

Et tandis qu'il glissait dans une inconscience miséricordieuse, ils l'entendirent pleurer : "Il a tué mon père... il l'a tué... il l'a tué... il l'a tué... il l'a tué..."

Quelques heures plus tard, il remua. Il cria presque de douleur alors qu'il essayait de bouger son bras. Sa poitrine le brûlait alors qu'il respirait. Lorsqu'il ouvrit les yeux, une douleur presque insupportable et lancinante lui traversa le crâne. Il reconnut sa chambre, vit le lit vide en face de lui. Puis il leva un bras, sentit le bandage autour de son visage, de son cou.

Il écoutait avec crainte et ses oreilles ne captaient que la respiration rauque et gargouillante de l'homme dans la pièce voisine : l'homme appelé Tinker, dont le sort de Mercy Man n'avait pas été tout à fait scellé, qui respirait, superficiellement, brisant le silence de mort.

Que s'était-il passé ?

Jeff se redressa dans l'obscurité, ignorant la douleur lancinante qui lui traversait la poitrine et le cou. Que s'était-il passé ? Pourquoi était-il bandé ? Que signifiait cette peur pure, nue et paralysante qui le serrait comme un étau ? Il regarda à travers l'obscurité le lit d'en face et cligna des yeux. Que s'était-il passé... quoi... quoi ?

Bien sûr. Il était dans la salle des dossiers. Il avait été attrapé. Schiml l'avait rattrapé et il avait été emmené pour des tests. Et puis : *une lumière vive, des mots absurdes dans l'oreille, une aiguille....*

Haletant de douleur, Jeff sortit du lit et chercha ses chaussures en dessous. Avec un sanglot audible, il récupéra la carte froissée sous la semelle intérieure. Ensuite, ils n'avaient pas reçu la carte. Ils ne le savaient pas. Mais qu'est-ce qui aurait pu se passer ? Petit à petit, d'autres choses revinrent : il y avait eu un cri ; il avait ressenti un choc, comme si du plomb fondu coulait dans ses veines, puis il avait heurté le mur comme un camion de dix tonnes.

Il chercha sa montre à tâtons, la regarda, n'en croyant pas ses yeux. Il était sept heures du matin. Il était presque une heure du matin lorsqu'ils l'avaient emmené chez le Dr Gabriel. Il ne pouvait plus être sept heures du soir. À moins qu'il n'ait dormi 24 heures sur 24. Il écoutait la montre ; il fonctionnait toujours. Ce qui s'était passé l'avait bouleversé, tellement bouleversé qu'il avait dormi pendant près de vingt-quatre heures. Et pendant ce temps-là....

L'horrible perte le frappa soudainement, se frayant un chemin jusqu'à une prise de conscience ouverte. Vingt-quatre heures plus tard – une journée passée, une journée entière que Conroe pouvait utiliser pour se cacher encore plus profondément. Il se laissa tomber sur le lit et gémit, le désespoir lourd dans son esprit. Un jour révolu, un jour précieux. Quelque part, l'homme se trouvait au Centre. Mais le localiser maintenant, après avoir eu autant de temps, comment Jeff pouvait-il le faire ?

Il ressentait désormais une plus grande urgence. Peu importe ce qu'ils avaient trouvé lors des tests, il n'avait plus le temps de chasser. L'étape suivante sur cette voie à sens unique était l'affectation et la signature d'une quittance – le point de non-retour.

Et à travers tout cela, quelque chose le rongeait l'esprit : une question curieuse, un fantôme qu'il ne parvenait pas à cerner, une silhouette d'ombre qui surgissait encore et encore dans son esprit, le hantant – l'ombre d'un doute effrayant. Pourquoi ce choc ? Pourquoi s'était-il déchaîné ? Qu'est-ce qui l'avait poussé à punir si impitoyablement ses bras et ses jambes avec les dispositifs de retenue ? Quel démon monstrueux s'était déchaîné dans son esprit ? Quelle plaie béante les médecins avaient-ils gratté pour le conduire à de tels extrêmes de peur et d'horreur ? *Et pourquoi ressentait-il le même sentiment dans son esprit chaque fois qu'il pensait à Paul Conroe ?*

Il soupira. Il avait besoin d'aide et il le savait. Il avait désespérément besoin d'aide. Ici, dans un tourbillon de haine et d'égoïsme, il avait plus que jamais besoin d'aide, d'aide pour retrouver cette ombre fantôme, d'aide pour la coincer, pour la tuer. Et les seuls à qui il pouvait demander de l'aide étaient ceux qui l'entouraient, les Mercy Men eux-mêmes. Il avait besoin de leur aide, ne serait-ce que pour éviter de devenir l'un d'entre eux.

Il s'assoupit, puis se réveilla un peu plus tard et écouta. Il y avait un air de tension dans la pièce, le murmure que quelque chose n'allait vraiment pas. Jeff se redressa sur son coude et essaya de regarder à travers l'obscurité. Quelque chose s'était produit juste avant son réveil. Il écoutait le silence de mort qui régnait dans la pièce.

Et puis il a su ce que c'était. La respiration dans la pièce voisine s'était arrêtée.

Il s'allongea, le cœur battant, écoutant le rafale de son propre souffle, la peur et le désespoir atteignant de nouveaux sommets dans son esprit. La mort était donc venue. Un homme qui ne verra jamais la récompense qu'il attendait avec tant d'impatience. Jeff avait senti la mort envahir la pièce, et il savait, instinctivement, que toute l'unité le saurait aussi sans qu'un seul mot ne sorte d'une seule bouche. Car le sentiment de mort était ici une chose tangible, se déplaçant avec des pas silencieux et impondérables de pièce en pièce.

Pour la première fois, Jeff ressentait une parenté, une profonde compréhension à partager avec les Mercy Men. Et il y avait une profonde peur, au fond de lui, qu'il savait maintenant qu'il devait aussi partager avec eux. Péniblement, il se retourna sur le côté et regarda l'obscurité pendant de longues minutes avant de sombrer dans un sommeil agité.

CHAPITRE NEUF

Une voix parlait à travers la pièce, un grondement sourd et mystérieux de sons de haut en bas. Lentement, Jeff sortit son esprit des profondeurs du cauchemar pour le ramener dans la pièce étouffante et faiblement éclairée. Combien de temps avait-il dormi ? Et quelle heure était-il maintenant ? Les voix douces à travers la pièce ne donnaient aucune idée, et son esprit douloureux était trop fatigué pour s'en soucier davantage . Il resta allongé dans la pénombre, tous ses muscles endoloris, son esprit revenant encore et encore au cauchemar qu'il revivait pour la millième fois.

Cela avait été horriblement vif cette fois, clair comme midi : le même sujet que toujours, le même visage, la même connaissance horrible et la même haine déchirante surgissant et bouillonnant dans son esprit. C'était toujours une haine sans plan ni forme, une fureur animale pure et désorganisée. Mais cette fois, le rêve avait été plus cohérent, plus clair, plus précis et plus vicieux.

Il marchait dans la rue au cœur de la ville. Oui, c'était en milieu de matinée. La chaleur du soleil était déjà insupportable et sa veste et sa chemise étaient humides. Que faisait-il ce matin-là ? Était-il en route vers le dépôt d'enquête avec des informations sur la prochaine mission sur Mars ? Cela n'avait pas vraiment d'importance. Mais il s'est dirigé vers le bâtiment et cela l'a frappé.

C'était comme le choc qui l'avait frappé dans la salle d'examen , pensa-t-il. Il avait heurté physiquement l'homme. Se reculant pour lui demander pardon, il aperçut le visage de l'homme. C'est là que le rêve devint fou, tout comme son esprit s'était déchaîné en ce matin ensoleillé il y a si longtemps. Il vit l'homme se retourner et courir comme le vent, se faufilant dans le flot de gens dans la rue. Jeff le suivit en criant, ses poings et ses jambes traversant la foule. Il cria d'un désespoir rauque et fou en voyant la silhouette disparaître sous ses yeux.

Et puis il était appuyé contre le mur, haletant, les larmes coulant sur son visage. Incapable de comprendre, sachant seulement que c'était l'homme dont le visage avait hanté ses rêves toute sa vie, il reconnut que c'était l'homme qu'il devrait tuer.

Ses yeux s'ouvrirent brusquement. Les voix à travers la pièce étaient plus fortes. Jeff a écouté. Une voix était celle d'une femme – celle de Blackie, bien sûr. Il n'y avait aucun doute sur le pincement nasal du Nasty Frenchman. Mais la troisième voix… Jeff cligna des yeux. Il bougea la tête pour voir le petit groupe de l'autre côté de la pièce.

Ils étaient blottis autour d'une petite cafetière infrarouge : Blackie, le Méchant Français et l'énorme homme chauve appelé Harpo. La voix de Blackie était aiguë et suppliante alors qu'elle faisait écho au Méchant Français dans une protestation colérique. La basse lourde de Harpo grondait en sourdine dans la discussion chuchotée. Péniblement, Jeff se redressa sur un coude et tourna son oreille en direction du groupe, alors que les mots lui parvenaient, de manière peu claire :

"Je dis de découvrir qui et de faire quelque chose", insistait le Méchant Français avec colère. Son visage était rouge et méchant, et ses yeux brillaient alors qu'il regardait Harpo. "Nous en sommes complètement sortis. Vous ne voyez pas cela ? À cause de ce changement, nous ne sommes plus sur la liste de paie, abandonnés comme de la vulgaire racaille ! Eh bien, le travail que j'ai fait consistait à payer deux cent mille dollars, avec pratiquement aucun risque. Et je tuerai l'homme qui m'en exclut.

La voix de Harpo était apaisante. "Alors peut-être que vous rêvez. Peut-être qu'il n'y aura pas de changement de travail du tout."

— J'ai vu le rapport, je vous le dis. Il était signé par Schiml lui-même.

Harpo leva vivement la tête. "Vous avez réellement vu la signature de Schiml dessus ?"

"Je l'ai vu. Je suis retiré de ma mission et vous aussi. Nous sommes tous les deux expulsés. Ne pouvez-vous pas comprendre les choses clairement ? Après tout ce temps, et juste parce qu'ils ont quelqu'un ici, cela les excite."

Harpo renifla. " Alors ils ont déjà participé à ces chasses aux fantômes. Où pensez-vous que cela les mènera cette fois ? Des pouvoirs extra-sensoriels ! " L'homme énorme cracha avec dédain. "Avez-vous déjà vu quelqu'un avec des pouvoirs extra-sensoriels ? Eh bien, moi non plus. Écoutez, Jacques, soyons réalistes : Schiml donnerait son bras gauche à l'épaule pour avoir la preuve de pouvoirs extra-sensoriels sous quelque forme que ce soit." Harpo sourit désagréablement. "Vous en avez déjà vu la preuve. Il y croit , il veut le prouver. Et de temps en temps, il va essayer juste pour rester heureux, juste pour rester en forme. Il n'y a pas d'appel à cela. être excité."

"Mais il a un espoir solide cette fois-ci," rétorqua Blackie. " D'après les histoires que j'ai entendues, ce type est un phénomène. Il a obtenu les meilleurs scores sur les cartes, les plus élevés qu'ils aient jamais enregistrés ici. D'autres choses aussi, comme décoller le papier des murs rien qu'en les regardant, ou fermer les portes ouvertes. blessures en dix minutes.

" Alors on entend des histoires ! Par ici, je ne crois rien de ce que j'entends. " Harpo bougea avec inquiétude. "S'il y avait quelque chose de tangible, tout ce sur quoi nous pourrions mettre la main, j'écouterais. Mais il n'y a pas de preuves, rien, mais beaucoup d'histoires folles. Et j'ai même entendu de meilleures histoires à mon époque. Vous pouvez je ne vais pas me battre avec des histoires—"

Jeff se redressa, quelque chose criant dans son cerveau. Il attrapa ses chaussures, inconscient de la douleur atroce dans ses muscles, fouilla avidement, son esprit hurlant d'excitation. "Quel genre de preuve veux-tu ?" grogna-t-il.

Harpo le regarda, comme s'il voyait un fantôme. "Tu te réveilles!" Il haletait. Et puis : « N'importe quelle preuve !

"Alors jetez un oeil à ça." Et Jeff jeta la carte froissée au milieu de la réunion.

Blackie était debout, les yeux impatients. "Je ne savais pas que tu étais prêt à te réveiller", dit-elle. "On dirait qu'ils vous ont vraiment donné les œuvres."

"Eh bien, quelque chose s'est passé, d'accord. Je ne sais pas si je viens ou si je pars."

Blackie hocha la tête. "Vous ne le faites jamais, après les tests. Ils sont venus ici pour vous et je leur ai dit que vous étiez sorti vous promener. Mais je suppose qu'ils vous ont trouvé." Elle mit une tasse de café dans la main de Jeff et lui montra la carte. "Vous avez sorti ça du dossier sans vous faire repérer ?"

Les yeux de Jeff rencontrèrent les siens pendant un bref instant. "C'est vrai. Et j'ai entendu de quoi tu parlais." Il perçut la petite note d'avertissement dans ses yeux : l'appel silencieux et impuissant. Il secoua imperceptiblement la tête. Il sut alors qu'elle n'avait pas parlé aux autres de leur bataille pour les dés. Il montra la carte. "Je pense que cela répond à beaucoup de choses."

Les yeux d'Harpo étaient méfiants. "Comment sais-tu que c'est cet homme ?"

"Parce que je l'ai conduit ici, voilà pourquoi." La voix de Jeff était un grognement ; cela sonnait fort dans la pièce calme. "Je savais qu'il était ici parce qu'il était venu ici pour m'échapper. Mais je ne savais pas qu'il avait un lien avec ESP jusqu'à ce que je voie la carte."

Harpo regarda la carte, puis Jeff. "Tu veux dire que tu l'as conduit ici ?"

"C'est vrai. Parce que je l'aurais tué s'il n'était pas venu." Le visage de Jeff était sombre alors qu'il se tournait vers la fille. " Dis -lui, Blackie. Dis-lui pourquoi je suis ici. "

Blackie leur a dit. Ils écoutaient avec des yeux écarquillés, et la pièce était toujours comme un tombeau.

« Et vous êtes venu ici pour tuer cet homme – rien de plus ? La voix de Harpo était incrédule. "Mais mec, tu es sur de la glace mince, de la glace très mince. S'ils t'ont testé hier soir, tu seras affecté. Eh bien, tu pourrais être obligé de signer une décharge à tout moment."

"Je le sais, je le sais. Ne vois-tu pas pourquoi nous n'avons pas le temps de nous chamailler maintenant ?" La voix de Jeff se brisa dans la pièce immobile, aiguë et urgente. "C'est l'homme, celui que je cherche et celui que vous cherchez, celui avec ESP qui a tellement excité Schiml et ses hommes ! Il est ici sur la carte !"

Les yeux d'Harpo étaient étroits. « Y a-t-il une autre preuve que la carte que Conroe est l'homme ?

La voix de Jeff était basse de haine. "Écoutez. Je traque cet homme depuis cinq ans. Très longtemps. Je l'ai pourchassé partout où il est allé. La meilleure agence de détectives d'Amérique du Nord a travaillé avec moi pour le retrouver. Mais ils ne l'ont pas attrapé. Nous l'avons presque attrapé, nous l'avons hanté, nous l'avons parcouru à travers le pays et le monde jusqu'à ce qu'il soit en lambeaux. Mais nous ne l'avons jamais attrapé. Cela a-t-il une signification ? À maintes reprises, nous nous sommes approchés si près que nous ne pouvions pas le rater – et puis nous l'avons raté. Nous nous sommes approchés trop près, trop de fois pour qu'il y ait une coïncidence. Il y a un autre facteur, un facteur qui avertit Conroe, le temps. au fil du temps. Cela lui a permis de sortir de pièges parfaitement fermés – *un facteur comme la précognition, par exemple* .

Il y a eu un long silence. Puis le Méchant Français se leva, les lèvres tendues en un sourire malicieux. "Si nous avançons assez vite, nous pouvons l'arrêter, le couper dès le début. Nous ne sommes plus payés maintenant. Mais nous pouvons nous y remettre, si leur garçon Wonder meurt."

Les yeux d'Harpo brillèrent. "Et comment comptez-vous faire cela ?"

"Rien de plus simple au monde. On trouve juste le gars." Le sourire du Méchant Français s'élargit. "Puis, après l'avoir trouvé, nous en parlons à notre ami Jeff. Rien de plus. Jeff s'en chargera à partir de là. N'est-ce pas, Jeff ?"

Le cœur de Jeff battait à tout rompre contre ses côtes. "C'est vrai", dit-il, la voix rauque d'impatience. "Trouve-le pour moi."

Harpo se pencha lentement et versa une autre tasse de café. "Alors parlons de plans," dit-il doucement.

La planification s'est bien déroulée. Jeff s'assit avec impatience. Le désespoir et le désespoir d'une heure auparavant s'évaporèrent, laissant des doigts d'excitation sauvage ramper dans ses muscles, de haut en bas de sa colonne vertébrale. Ces gens savaient où ils se trouvaient ; ils savaient comment chasser dans cet endroit maléfique, où aller, quoi faire. C'était l'aide dont il avait besoin pour accomplir sa mission, l'aide dont il avait besoin depuis le début. Et maintenant, enfin, plus rien ne tournerait mal. Avec précaution, le dernier piège fut tendu, le dernier élan de cette chasse à l'homme qui avait duré si longtemps et si infructueuse. Cette fois, il n'y aurait pas d'erreur.

Harpo toucha pensivement la carte. "Ces dates doivent avoir une certaine signification. Y avait-il des signes des visites de Conroe ici à ces moments-là ?"

Jeff secoua la tête. "Aucun signe. Il ne pouvait pas être ici plus de trois jours d'affilée, sinon je l'aurais su."

Harpo grogna, ses yeux fixés sur le visage de Jeff. "Et vous n'aviez aucune preuve définitive et directe qu'il utilisait d'une manière ou d'une autre un talent extra-sensoriel pour vous échapper ?"

Jeff fronça les sourcils. "Aucune preuve directe. J'ai bien peur que non. Il n'y avait aucune raison de le soupçonner, jusqu'à ce que je trouve la carte. Puis le recul a commencé à ajouter des choses amusantes qui étaient passées inaperçues auparavant."

Harpo hocha la tête. "Oui. C'est comme ça que ça se passerait. Mais Schiml devait avoir suffisamment de preuves directes. Cette étude ESP est exactement comme l'était le voyage dans l'espace. Ils la recherchent depuis des années; ils s'y reprennent à maintes reprises, à chaque fois qu'un nouveau L'angle se présente. Parce que s'ils réussissent, cela pourrait signifier tellement pour tant de gens.

Le Méchant Français renifla. " Bien sûr. C'est comme si on nous privait définitivement d'emplois rémunérés, après tous les risques que nous avons pris. Ouvrez-leur la porte de l'ESP, et il n'y aurait plus d'autre travail au Centre avant vingt ans. Et si Il se trouve que nous ne sommes pas ce qu'ils recherchent... » Il passa son doigt sur sa gorge et fronça les sourcils. "L'homme est ici. Nous devons avoir des informations sur lui, passées et présentes. Cela signifie que nous devrons fouiller dans les archives. Il n'y a pas de meilleure approche." Il tourna ses petits yeux perçants vers Jeff. "Vous savez comment fonctionnent les fichiers électroniques. C'est vous qui pouvez trouver ce que nous avons besoin de savoir dans les Archives."

Jeff hocha la tête. "Mais j'aurai besoin de temps pour travailler sans interruption. Pouvez-vous me faire accéder aux fichiers d'archives sans me faire prendre ?"

Le Méchant Français hocha la tête avec impatience. "Rien. Donnez-nous une demi-heure pour dégager le passage et prendre soin des gardes." Il leva les yeux vers Harpo. "Le vieux gag d'alarme incendie devrait faire l'affaire, d'accord. Ensuite, vous pourrez descendre directement."

"Et peux-tu garder les choses claires pour moi, disons, pendant environ une heure ?"

"Pendant cinq heures, si nécessaire." Harpo se releva brusquement. "Nous allons commencer maintenant à mettre les choses au point. Quand tout sera clair, je vous donnerai un message au téléphone. Ne répondez pas. Venez simplement. Blackie peut vous dessiner une carte pendant que vous attendez." Le géant chauve commença à partir, puis fit demi-tour. "Et ne laissez aucune sonnette d'alarme vous déranger. Nous avons déjà trouvé des moyens d'occuper les gardes." Il toucha brièvement son front, et lui et le Méchant Français disparurent dans le couloir.

"Je pense que ça va marcher", souffla Jeff, mettant la carte grossière au crayon de Blackie dans sa poche. "Je pense que nous l'avons eu. Une fois que nous saurons où il est et ce qu'ils vont faire de lui…" Il lui sourit, les yeux brillants. " Son temps est compté, Blackie. Il est pour ainsi dire mort. "

La jeune fille se pencha en avant, versa du café et resta assise en silence. Jeff observa son visage, comme s'il le voyait pour la première fois. En effet, pour la première fois, le visage de la jeune fille parut plus doux. Dans la pénombre de la pièce, les lignes dures fondirent, comme par magie. Son visage paraissait plus jeune et plus frais, comme si un curieux masque était tombé au cours de la soirée.

Mais ses yeux étaient troublés alors qu'elle regardait Jeff et soulevait sa tasse de café en un salut moqueur. "Au Chasseur," dit-elle doucement.

Jeff leva sa propre tasse. "Oui. Mais plus pour longtemps maintenant."

"Ça ne peut pas durer plus longtemps, Jeff. Ton numéro est le suivant."

"Pour une mission ?" Les yeux de Jeff brillèrent. "Pensez-vous que cela fait une différence pour moi ? Je vais jusqu'au bout, quoi qu'il arrive."

"Mais Jeff, tu ne peux pas signer de décharge."

Jeff la regardait dans la pièce silencieuse. "Pourquoi pas ? Si c'est la seule chose que je peux faire..."

Ses yeux étaient écarquillés et très sombres. "Oh, Jeff, tu cours un terrible danger ici."

"Je sais que."

"Tu ne le fais pas, tu ne le fais pas." La jeune fille secouait la tête, les larmes lui montant aux yeux. "Tu ne sais rien, Jeff, des Mercy Men ou du genre de travail qu'ils font. Oh, je sais, tu penses que tu le sais. Mais tu ne le sais pas vraiment. Écoute, Jeff, regarde les choses clairement, tu " Tu es jeune, tu es intelligent. Il y a d'autres façons de passer ta vie, des choses plus importantes à faire. Tu ne vois pas ça ? Aucun homme ne vaut la peine de gâcher ta vie, peu importe ce qu'il t'a fait. . C'est ce que vous faites. Vous marchez dans une impasse, dans un piège mortel ! Sortez, tant que vous le pouvez.

La tête de Jeff tremblait, ses lèvres serrées, jusqu'à ce que la couleur les quitte, laissant des lignes gris pâle. "Je ne peux pas sortir. Je ne peux tout simplement pas. Rien de ce que quiconque pourrait dire ne pourrait me chasser maintenant."

"Mais vous devez courir tant que vous le pouvez ! Oh, oui, descendez là-bas ce soir s'il le faut, essayez de le retrouver. Mais si vous ne le trouvez pas, coupez le chemin et fuyez. Jeff, sortez ce soir. Ils " Ils ne peuvent pas vous arrêter ; ils n'ont pas encore d'emprise légale sur vous. Mais une fois qu'ils ont publié une version, vous êtes accro. Il sera alors trop tard. "

Les yeux de Jeff se plissèrent et il s'assit sur le lit et fit face à la fille. Il y avait une expression elfique sur son visage, une curieuse intensité dans ses grands yeux gris qu'il n'avait jamais vu auparavant. "À quoi tu tiens?" » demanda-t-il soudain. "Qu'importe ce que je fais ?"

La voix de la jeune fille était basse et les mots s'écoulaient si rapidement qu'il pouvait à peine les suivre. "Ecoute, Jeff, toi et moi, nous pourrions travailler en équipe. Ne voyez-vous pas ce que nous pourrions faire ? Nous pourrions sortir d'ici, ensemble. Nous pourrions quitter la ville, aller sur la côte Ouest. " "

Quelque part au loin, une sonnette d'alarme se mit à sonner, avec insistance, cliquetis dans les couloirs. Puis il y eut un bruit de pas, des ordres et des appels criés dans le couloir, et le grincement de trois camions qui passaient en succession rapide. Puis, brusquement, le couloir redevint silencieux.

Jeff remarqua à peine la clameur. Il regarda la jeune fille, les mains tremblantes. "Blackie, Blackie, pense à ce que tu dis. Le sortilège de malchance. As-tu oublié ? Tu es à l'abri ici. Mais dehors, que se passerait-il ? Nous pourrions tenter notre chance, oui, mais et si la malédiction nous a suivis ? »

"Oh, mais Jeff, c'est idiot." Elle déglutit, ses yeux débordant presque alors qu'elle essayait de retenir ses larmes. " Ce n'est pas seulement de l'égoïsme, Jeff. Je pourrais rester ici. J'ai parlé à Schiml cet après-midi, avant que Harpo et Jacques ne commencent à parler. Ils sont sortis, oui. Mais je ne le suis pas. Il veut que je reste, dit qu'il y a une place pour moi dans le travail. Mais je ne veux pas rester.

Jeff secouait lentement la tête, les yeux fatigués. "Ce n'est pas un dé, Blackie. Pas maintenant. Après avoir récupéré Conroe, après être sorti d'ici, alors peut-être que je pourrais y penser. Mais je n'ai pas du tout réfléchi à cette affaire de dés. Tu ne vois pas ? Il faudrait que j'y réfléchisse soigneusement, à toutes ses ramifications. Et je n'ai pas pu le faire. Cela n'a pas assez d'importance. J'ai d'abord un homme à tuer, avant toute autre chose. Et je Je vais le tuer. Je vais le tuer ce soir.

"Alors fais-le, c'est sûr. Attrape-le ce soir ! Et puis sors, avant que quelque chose n'arrive—"

Dans un coin, le téléphone sonna deux fois, puis retomba dans le silence. Leurs regards se croisèrent, brusquement, désespérément. "Rien ne va se passer", dit doucement Jeff. "Ne t'inquiète pas pour ça. Je suis là depuis trop longtemps pour que quoi que ce soit puisse arriver."

Il y avait une lumière frénétique dans les yeux gris de la jeune fille alors qu'elle le regardait, une profondeur et une sincérité qu'il n'avait jamais vues auparavant. Ses yeux le suppliaient. "Tu ne sais pas, tu ne sais pas..."

Et puis ils se retrouvèrent dans les bras l'un de l'autre, se rapprochant désespérément. Ses lèvres dures rencontrèrent ses lèvres douces, se rencontrèrent et se tinrent. Puis, quand ils se séparèrent, il y eut un autre regard dans ses yeux, et il entendit son souffle coupé brusquement à son oreille. "Jeff—"

Doucement, il posa un doigt sur ses lèvres et relâcha ses bras autour de lui. "Ne le dis pas," murmura-t-il. "Pas maintenant, Blackie. Pas maintenant—"

Et puis il était dehors, dans le couloir. L'air frais l'envahit et il courut dans le couloir en direction des escaliers. Il s'est dépêché contre le temps que les hommes avaient préparé pour sa sécurité. Et tandis qu'il courait, il sentit son cœur battre dans ses oreilles, et il savait que l'heure approchait.

CHAPITRE DIX

Jacques et Harpo l'attendaient en tête de l'escalator. Il hocha la tête et les suivit dans le couloir jusqu'à la petite voiture-jitney qui l'attendait.

« Tout est prêt ? »

"Tout est prêt. Les gardes sont tous occupés dans l'unité N à éteindre un incendie. Ils ne viendront pas nous déranger avant quelques heures." Le Méchant Français fronça les sourcils avec dédain. "Mais il faudra vous dépêcher. Quand ils reviendront, nous aurons encore du mal à les retarder."

Jeff hocha la tête. "Cela devrait suffire. Alors peut-être que nous aurons autre chose pour occuper les gardes ce soir."

Le jitney a démarré avec une embardée et un cri. Harpo gérait les commandes, faisant rouler rapidement la petite voiture dans le couloir. Il a basculé soudainement dans un tunnel noir comme du sang, a plongé brusquement et a commencé à descendre en spirale à une vitesse folle. Jeff attrapa la rampe et haleta.

"C'est un long chemin à parcourir", rit Harpo, assis dans l'obscurité. "Les Archives conservent les archives permanentes de l'ensemble du Centre Hoffman depuis son ouverture. C'est pourquoi c'est un coffre-fort, afin que les bombardements ne le détruisent pas. C'est l'une des tombes les plus précieuses de l'histoire."

Le jitney s'est enfui dans un couloir éclairé. Jeff déglutit et sentit ses oreilles se déformer. La petite voiture filait à toute allure dans un dédale de tunnels et de couloirs. Finalement, il s'installa au sol devant les lourdes portes en acier au bout d'un grand couloir.

Sans un mot, Harpo descendit jusqu'au bout du couloir et entraîna la voiture avec lui. Il ouvrit le capot du moteur et commença à fouiller activement à l'intérieur.

Le Méchant Français rit. "Si quelqu'un passe par là, cette sirène d'alarme se déclenche, et Harpo n'est qu'un pauvre technicien qui essaie de l'arrêter." Le petit homme se dirigea rapidement vers les portes en acier. "Ce n'est pas la première fois que je dois travailler là-dessus", dit-il sournoisement. "Nous voulions venir ici il y a quelques mois, quand ils essayaient de conclure un accord de shakedown sur certains d'entre nous. J'ai alors élaboré le modèle de combinaison; cela m'a pris trois jours. Ils changent la combinaison périodiquement, bien sûr, mais le modèle est intégré à la serrure.

Il ouvrit un petit étui en cuir et plaça un instrument contre la serrure. Un fil long et fin était prêt dans son autre main. Jeff entendit plusieurs clics étouffés ; puis Jacques inséra brusquement le fil dans quelque chose. Une sonnette d'alarme au-dessus de la porte émit un bruit sourd et sans enthousiasme et retomba dans le silence, comme si elle avait changé d'avis au dernier moment. Un instant plus tard, le petit Français leva les yeux et fit un clin d'œil, et la porte du coffre-fort en acier s'ouvrit lentement.

L'endroit sentait l'humidité et le vide. Trois murs et la moitié du quatrième étaient occupés par des contrôles de fichiers électroniques. La majeure partie de la pièce était occupée par des tables, des microviseurs , des lecteurs, des enregistreurs et d'autres appareils d'étude. Il n'y avait rien de petit dans la pièce ; l'endroit tout entier respirait la grandeur, la complexité, de nombreuses années de travail et de sagesse, de nombreuses vies et de très nombreuses morts. C'était une salle d'enregistrement que de nombreuses vies avaient construite.

Jeff se dirigea vers le panneau de commande. Il localisa le maître codeur et s'assit sur une chaise devant lui, ses yeux le parcourant attentivement, évaluant la gigantesque machine à classer. Et puis, tout à coup, il eut terriblement peur. Un nœud se forma dans son ventre et une sueur froide éclata sur son front. Un visage apparut à nouveau brusquement dans son esprit. C'était le visage énorme et macabre qui lui revenait sans cesse dans ses rêves ; le visage plein de haine et de méchanceté – pâle et inhumain.

C'était le visage d'un assassin sans cœur, inutile et sanglant. Mais était-ce tout ? Ou y avait-il plus dans ce visage, plus dans ce rêve que Jeff ne l'avait jamais soupçonné ? Quelque chose au plus profond de son esprit remua, lui envoyant un frisson dans le dos. Sa main trembla alors qu'il passait la main sur le panneau de commande. Un fantôme était là à ses côtés, un fantôme qui le suivait depuis si longtemps sur cette traînée nébuleuse d'amertume et de haine – une traînée qui finirait dans cette pièce même.

Il secoua la tête avec colère. Il n'y avait pas de temps pour paniquer, pas de temps pour ruminer. Il a choisi la combinaison panneau-code pour les Mercy Men et l'unité de recherche. Puis il calcula le codage du nom de Conroe. Les doigts tremblants, il tapa le code, appuya sur le bouton du traceur et se rassit, le cœur battant à tout rompre. Il regarda la fente du récepteur pour les fiches et le folio révélateurs.

Le dossier grinçait, bavardait, vrombissait et gémissait, et finalement le pâle panneau d'instructions s'éclaira : Aucune information.

Jeff cligna des yeux, un frisson lui parcourant le dos. Ces dossiers constituaient le dernier appel ; l'information devait être ici. Rapidement, il calcula un codage de description, l'introduisit et attendit de nouveau dans une tension croissante. Toujours aucune information. Il sortit la carte codée de sa poche, la carte du dossier des Mercy Men ci-dessus, la carte avec la photo de Conroe du Hoffman Center dessus. Il l'introduisit dans le traceur photoélectrique, marqué avec le codage nécessaire pour une recherche illimitée de fichiers : « Toute personne ressemblant d'une manière ou d'une autre à cette description : toute information sur… » Il se rassit de nouveau, respirant lourdement.

Le vrombissement continuait encore et encore. Puis, inexorablement, le petit panneau vacilla et épela un seul mot :

"Inconnu."

Jeff s'étrangla. Il regarda le panneau, tout son corps tremblait, et recommença le codage, étape par étape, cherchant une erreur, n'en trouvant aucune. C'était impossible, cela ne pouvait pas être le cas – et pourtant, les dossiers étaient vides d'informations. Comme s'il n'y avait jamais eu de Paul Conroe. Il n'y avait même pas de carte de référence à la carte dans les dossiers de Mercy Men.

Il regarda le panneau, son esprit se rebellant en signe de protestation. Rien, pas même une trace au seul endroit où l'information devait être complète. Il était dans une impasse – la dernière impasse qui puisse exister au Hoffman Center.

Le Méchant Français alluma une cigarette et regarda Jeff avec des yeux brillants. "Pas de chance?"

"Pas de chance", dit Jeff d'un ton brisé. "Nous sommes battus. C'est tout."

"Mais il doit y avoir—"

"Eh bien, il n'y en a pas !" Jeff frappa du poing la table avec fracas, les yeux flamboyants. "Il n'y a aucune trace, pas un murmure de l'homme ici. Il doit y en avoir - et il n'y en a pas. C'est comme chaque fois : un mur blanc. Un mur blanc après un mur blanc. J'en ai marre d'eux, si misérablement fatigué de courir dans une impasse après une impasse. » Il se releva, les épaules affaissées. "Je suis trop fatigué pour continuer. Ça ne sert à rien de jouer plus longtemps. Je sors d'ici tant que j'ai la peau entière."

"Peut-être que tu as plus de temps que tu ne le penses." Le Méchant Français le regarda avec inquiétude. "Ce n'est pas le moment de manquer de temps. Cela peut prendre des semaines avant que vous ne soyez affecté."

Jeff le regarda. "Eh bien, je connais un moyen de le savoir." Il s'est dirigé vers le panneau de contrôle, a pointé un doigt furieux vers le maître codeur et a trouvé le codage de "J. Meyer". "Ils m'auront ici aussi", a-t-il lancé. "Tout tourne autour de moi : ce que les tests ont dit, ce qu'ils vont me faire. C'est une façon de le savoir." Rapidement, il tapa le codage, appuya sur le bouton du traceur...

La machinerie vrombissait à nouveau, brièvement. Puis il y a eu un clic dans la fente du récepteur et un autre et encore un autre. Jeff cligna des yeux alors que les rouleaux de microfilms continuaient de tomber. Puis il tendit la main vers l'unique carte blanche qui tombait au-dessus des rouleaux. Ses doigts étaient humides lorsqu'il prit la carte. Son propre arrêt de mort, peut-être ? Il jeta un coup d'œil à la carte et se figea. Sa tête commença à cogner comme si elle allait éclater.

"J. Meyer", il avait tapé, et c'était ce que disait la carte – *mais pas Jeffrey Meyer*. La carte contenait la photo d'un homme d'âge moyen aux cheveux gris, et le nom dactylographié en haut disait : JACOB MEYER.

Et la photo était une photographie du visage de son père.

C'était impossible, incroyable, mais il fixait la carte qu'il tenait en main. Cela n'a pas disparu ; c'est resté là. Il était toujours écrit : « Jacob Meyer » ; il montrait toujours les traits bien-aimés de son père, le regardant fixement depuis la carte. *Son père!*

Son cœur battait à tout rompre alors qu'il regardait la brève note dactylographiée sous l'image : « Né le 11 août 2050 à Des Moines, Iowa ; marié le 3 décembre 2077, femme décédée en couches le 27 novembre 2078 ; un fils Jeffrey né le 27 novembre 2078. » Puis ci-dessous se trouvaient une série de dates : date du baccalauréat, date de la maîtrise et du doctorat ; Professeur agrégé de statistiques à l'Université Rutgers, 2079-2084 ; a rejoint le Bureau gouvernemental des statistiques en 2085. Enfin, au bas de la carte se trouvaient une longue série de numéros de référence aux fichiers microfilmés.

Jeff se laissa tomber sur la chaise, son esprit tournant, impuissant. Il tourna des yeux hébétés vers le Méchant Français. "Autant y aller", dit-il. "Je dois faire un peu de lecture."

Fébrilement, il ramassa les rouleaux de microfilms, les porta jusqu'au lecteur le plus proche, enroula la bobine dans la machine et baissa les yeux vers la fente de visualisation, le cœur battant dans sa gorge....

Le premier rouleau était une longue série détaillée de résumés d'articles statistiques, tous rédigés par Jacob A. Meyer, Ph.D., tous recouverts de notes marginales d'une écriture manuscrite et paraphée « RDS ». Les articles couvraient une multitude de études; certains traitaient des techniques mêmes des analyses statistiques, d'autres concernaient des études spécifiques qui avaient été réalisées.

Les articles étaient rédigés de manière savante, parfaitement bien documentés, mais les notes marginales trouvaient continuellement à redire, tant sur les échantillons notés que sur les conclusions tirées. Jeff a lu certains journaux et il a regardé d'un air renfrogné. Ils sont sortis ensemble pendant les quatre années où son père enseignait les statistiques. Il y avait plusieurs dizaines de documents, tous accompagnés de notes marginales, dont aucune n'avait beaucoup de sens pour Jeff. Avec un soupir, il sortit le petit pain et en introduisit un autre.

Celui-ci semblait un peu plus gratifiant. Il s'agissait d'une lettre signée par Roger D. Schiml , MD, datée de près de vingt ans auparavant, adressée au Bureau gouvernemental des statistiques. Les yeux de Jeff parcoururent brièvement la lettre, captant des mots ici, des phrases là :

> ... en tant que directeur de recherche au Centre Hoffman, j'ai estimé qu'il était de mon devoir de porter cette situation incroyable à l'attention des autorités supérieures... Naturellement, une analyse statistique doit être faite sur la question avant de pouvoir conclure qu'il y a Il y a eu une augmentation marquée des maladies mentales de toutes sortes dans la population en général... j'ai suivi les analyses du Dr Meyer dans le passé avec beaucoup d'intérêt, et il serait heureux s'il pouvait venir au Centre Hoffman dans le mois prochain pour commencer une telle étude. étude....

Il n'y avait rien de tangible, rien de logique. Jeff feuilleta les rouleaux et en mit un autre en place dans le lecteur. Cette fois, il lut beaucoup plus attentivement une lettre d'un inconnu adressée au Dr Schiml . Elle était datée de près d'un an plus tard que la lettre précédente. Cette note faisait référence à plusieurs endroits aux "résultats presque incroyables de l'étude statistique réalisée il y a plusieurs mois". Il a également évoqué l'enquête qui vient de se terminer sur d'éventuels éléments perturbateurs dans l'analyse. Le dernier paragraphe, Jeff l'a lu trois fois, les yeux presque écarquillés.

> Il ne faisait aucun doute que les données étaient fiables et correctement collectées ; naturellement, les résultats de l'analyse découlaient mathématiquement des données. Il semblait donc que nous avions affaire à un facteur perturbateur jusqu'alors tout à fait insoupçonné. Notre enquête nous amène à la conclusion inévitable , bien que peu crédible, selon laquelle le Dr Jacob A. Meyer *était lui-même* le seul facteur perturbateur dans l'analyse. Aucune autre possibilité ne correspond à la réalité. Nous recommandons donc qu'une étude approfondie des travaux antérieurs du Dr Meyer soit entreprise, en vue de répondre aux questions évidentes soulevées par un tel rapport. Nous recommandons également que cela soit entrepris sans délai.

En haut de la lettre, en lettres rouges, se trouvait la restriction minutieuse du gouvernement : TOP SECRET .

Un autre rouleau est entré dans le lecteur. C'était l'en-tête d'un psychiatre new-yorkais. Les yeux de Jeff captèrent le nom et il lut avec impatience :

Cher Dr Schiml :

Nous avons étudié les enregistrements sur microfilms que vous nous avez postés avec un soin extrême et avons entrepris l'étude de Jacob Meyer, comme indiqué. Bien qu'il soit impossible de poser un diagnostic positif sans interroger et examiner le patient en personne, nous sommes enclins à soutenir votre point de vue tel qu'exprimé dans votre lettre. Quant à la possibilité que d'autres phénomènes plus remarquables se produisent, nous ne sommes pas prêts à faire de commentaires. Mais il faut souligner que cet homme subit presque certainement un cycle maniaco-dépressif régulier, peut être dangereusement déprimé, voire suicidaire, dans un état dépressif, et peut se mettre en danger ainsi que les autres dans une période d'exaltation maniaque. Une telle personne est extrêmement dangereuse et ne devrait pas avoir la liberté d'agir comme elle l'entend.

Jeff leva les yeux, des larmes coulant de ses yeux. Son corps tout entier était mouillé de sueur. Il pouvait à peine garder son équilibre en se levant. Quels mensonges! L'idée que son père aurait pu être fou, qu'il aurait pu falsifier n'importe quel rapport statistique qu'il avait réalisé – c'était impossible, un tas de mensonges incroyables. Mais ils étaient là, dans les archives du plus grand centre médical du monde – des mensonges sur son père, des mensonges que Jeff ne pouvait même pas attaquer parce qu'il ne pouvait pas les comprendre.

La porte s'ouvrit brusquement et le Méchant Français passa la tête, haletant. "Tu ferais mieux d'y aller," grogna-t-il. "Il y a des gardes qui arrivent." Sa tête disparut brusquement et Jeff entendit la voix d'Harpo lui hurler : "Allez, nous devons courir !"

Les jambes de Jeff bougeaient à peine. Il se sentait engourdi comme si mille centres nerveux avaient été soudainement touchés en même temps. Il fouilla, versant les rouleaux de microfilms dans ses poches, l'esprit tournoyant. Cela n'avait aucun sens : aucune compréhension, aucune explication. D'une manière ou d'une autre, il le savait, il y avait un lien entre ces dossiers de son père, pris il y a si longtemps, et l'absence de toute information sur Paul Conroe dans les dossiers. Mais il n'a pas trouvé le lien.

Il sortit en courant dans le couloir et sauta dans le wagon-citerne. Il s'accrocha à sa chère vie alors qu'elle accélérait à travers le tunnel, dans l'obscurité de la spirale une fois de plus. Soudain, à ses oreilles, un autre son explosa, le tintement fort et insistant d'une sonnette d'alarme.

Harpo regarda le Nasty Frenchman puis Jeff. "Oh, oh," dit-il doucement. « Ils sont sur quelque chose ; c'est un rassemblement général. Nous ferions mieux de retourner aux quartiers – et vite !

Il poussa les commandes un peu plus loin et Jeff sentit la voiture bondir en avant. Finalement il s'installa dans le couloir des quartiers. Ils sautèrent, Harpo régla les commandes du retour de la voiture et les trois hommes coururent vers leurs quartiers, la cloche résonnant toujours à leurs oreilles.

Dans l'esprit de Jeff, les pensées se bousculaient tandis qu'il courait – des pensées désespérées, des pensées inquiètes. Au fur et à mesure qu'il remontait, de petites fissures s'étaient mises en place dans son esprit. De petits espaces qu'il n'avait jamais compris ont soudainement commencé à prendre un sens, s'ajoutant à des questions, de grandes questions. C'était trop simple, trop facile pour Conroe de venir ici et de disparaître comme s'il n'avait jamais été vivant. Les choses ne se sont pas passées ainsi, pas même pour Conroe.

D'autres choses lui vinrent à l'esprit, lentement, brièvement, des choses qui s'étaient produites des années auparavant, des choses qui semblaient, soudainement, signifier quelque chose. Puis, juste au moment où ils devenaient nets, ils revinrent hors de portée. C'étaient des incidents comme la nuit dans la salle de jeux ; comme la nuit en boîte de nuit avec le danseur qui se balance devant lui ; comme la secousse soudaine et choquante qui l'avait réveillé des profondeurs de l'hypnose et l'avait projeté face la première contre un mur de pierre ; des choses comme la curieuse méchanceté de sa haine pour Paul Conroe – une haine qui l'avait porté jusqu'au bout du monde. Mais maintenant, cette haine était dans l'impasse, et de nouvelles informations, plus effrayantes, menaçaient de s'abattre sur lui.

Qu'est-ce que cela signifiait ?

Jeff sentit son malaise se transformer en une véritable peur. Il se mit à courir dans le couloir en direction de sa chambre. La peur lui traversa l'esprit, soudainement, de manière déraisonnable. Il ouvrit la porte, tomba à l'intérieur, la referma derrière lui avant d'allumer les lumières.

La pièce était vide. La cafetière était toujours posée sur la petite table. Il faisait encore chaud, toujours fumant. Blackie était parti et une cigarette brûlait encore sur le bord du plateau.

Il fallait qu'il sorte ! Il le savait alors, il savait que c'était la raison de sa peur déraisonnable. La cloche sonnait toujours dans le couloir, perçant bruyamment l'air calme de la pièce. Il a dû fuir tant qu'il le pouvait. Instinctivement, il savait maintenant qu'il ne retrouverait jamais Paul Conroe au Centre, jamais en mille ans de recherche. La peur devint plus forte, une petite voix lui criant à l'oreille : " *N'attendez pas. Courez, courez maintenant, ou il est trop tard.* "

Il déchira son casier à pieds et regarda les crochets vides. Le casier était vidé, vide de tout vêtement. Son sac avait disparu, ses chaussures, son manteau.

C'est trop tard. N'attendez pas.

Son pouls battait à tout rompre dans ses tempes et une sueur coulait sur son front. L'escalator ! S'il pouvait y accéder, alors tournez dans le couloir suivant et prenez une voiture-Jitney... C'était le seul moyen de sortir et il n'avait pas le choix. Haletant, il fit une nouvelle irruption dans le hall, courut pêle-mêle dans le couloir en direction de l'escalator. Puis, alors qu'il y était presque, une cage grillagée s'est écrasée dans le couloir et lui a complètement bloqué le chemin.

Jeff s'arrêta net, ses chaussures raclant le sol en béton. Son cœur battait avec un tatouage assourdissant dans ses oreilles alors qu'il regardait le grillage. Puis il se retourna et courut dans le couloir aussi vite que ses jambes le permettaient. S'il pouvait regagner les bureaux, retourner dans le couloir principal avant qu'ils ne l'arrêtent, il pourrait y prendre une voiture. Au loin, il aperçut la lumière vive du couloir principal. Son souffle était rauque alors qu'il essayait de courir plus vite. Et puis, dix mètres plus loin, il vit un autre grill claquer, le coupant, tombant directement sur son chemin.

Il poussa un cri, un cri impuissant et désespéré. Il était piégé, pris dans un seul bout de couloir. Son esprit se tourna avec vertige vers Blackie. Elle était partie. Où aller ? Où était passé tout le monde ? Il recula, ouvrant frénétiquement les portes de chaque côté du couloir, regardant pièce après pièce, le souffle coupé dans sa gorge alors qu'il courait. Toutes les pièces étaient vides. Jeff sentit son esprit tourner. Il sentit une curieuse fatalité, un motif fantastique se dessiner alors qu'il regardait les pièces vides. Finalement, il retrouva le sien. Les yeux écarquillés et haletant, il ouvrit la porte, entra à grands pas, se jeta sur la chaise et attendit.

Il n'a pas attendu longtemps. Pendant quelques instants, il n'y eut aucun son. Puis il entendit des bruits de pas dans le couloir. Il resserra sa prise sur le bras du fauteuil. Il ne réfléchissait plus. Des gouttes de sueur froide perlaient sur son front alors qu'il attendait, entendant les marches se rapprocher. Pour la première fois dont il se souvenait, une pure terreur envahit son esprit, le paralysant. Il savait qu'il avait attendu trop longtemps. Sa chance de quitter la route avait disparu ; il n'y avait plus d'échappatoire.

Puis la porte fut remplie de quelques personnages. L'un d'eux était la grande silhouette blanche du Dr Schiml . Il entra dans la pièce et sourit comme le chat qui mange le canari. S'affalant sur le lit avec un soupir, il souriait toujours à Jeff. La jeune fille le suivit dans la pièce. Ses yeux étaient baissés. Elle lança en l'air une petite paire de dés en ivoire et les attrapa alors qu'ils tombaient.

Le médecin sourit et sortit de sa poche un papier blanc impeccable et commença à le déplier lentement. "Une question d'affaires", dit-il presque en s'excusant. "Il est temps de passer aux choses sérieuses, je pense."

CHAPITRE ONZE

Jeff leva les yeux vers le visage du médecin. Sa gorge ressemblait à du papier de verre. Il essaya d'avaler mais n'y parvint pas. "Désolé," grinça-t-il. "J'ai changé d'avis. Je ne parle pas affaires."

Le Dr Schiml sourit, sa tête bougeant lentement d'avant en arrière. "J'ai entendu dire que tu es plutôt habile aux dés, Jeff."

Jeff sauta de la chaise, les poings serrés, les yeux brillants sur la fille. "Espèce de salope," grogna-t-il. " Espèce de clochard à deux. Tu vendrais ta grand-mère à découvert pour un sac de sel, n'est-ce pas ? Viens me voir avec tes histoires sanglantes, supplie-moi de déménager d'ici avec toi." Sa voix était mordante. "Combien vous ont-ils payé pour vendre ? Cent mille, peut-être ? Ou était-ce juste une petite affaire de routine ? Peut-être mille ou deux ?"

Le visage de la jeune fille s'assombrit, ses yeux perplexes tandis qu'elle le regardait. "Non, ce n'est pas vrai. Je n'ai pas—"

"Eh bien, cela ne leur servira à rien, peu importe combien ils vous ont payé. Parce que je ne signerai pas de décharge, ni maintenant ni jamais."

Un garde a saisi le bras de Jeff, le forçant à s'asseoir sur la chaise.

Le Dr Schiml souriait toujours en serrant son genou entre ses mains. "Je suppose que tu ne m'as pas bien compris," dit-il agréablement. "Tu ne dois pas blâmer Blackie. Elle ne t'a pas vendu à découvert. Elle n'a tout simplement pas pu s'empêcher de répondre à quelques questions parfaitement innocentes." Ses yeux retournèrent froidement vers Jeff. "Nous ne vous demandons pas de signer une décharge, Jeff. Nous vous le disons."

Jeff le regarda avec étonnement. "Ne sois pas stupide", lâche-t-il. "Je ne vous signe pas de décharge. Pensez-vous que je suis fou ? Emportez-le, brûlez-le et procurez-vous un autre cobaye."

Le Dr Schiml sourit doucement et secoua la tête. "Nous ne voulons pas d'un autre cobaye, Jeff. C'est juste ça. Nous voulons de toi."

Une petite ligne de sueur apparut sur le front de Jeff. "Ecoute," dit-il d'une voix rauque. "Je ne signe rien, tu comprends ? J'ai changé d'avis. Je n'aime pas le travail ici. Je n'aime pas l'entreprise."

de Schiml s'effaça. Il haussa les épaules et remit le papier blanc dans sa blouse blanche. "Comme tu veux", dit-il. "La libération n'est qu'une formalité. Amenez-le, les garçons."

"Attendez!" Jeff était de nouveau debout, face aux gardes, les yeux écarquillés d'effroi. Ses yeux croisèrent ceux de Schiml . "Écoutez, vous vous trompez.

Je suis un imposteur ici, un imposteur. Vous ne comprenez pas ça ? Je ne suis pas venu ici pour faire du bénévolat. Je n'ai jamais eu l'intention de faire du bénévolat, je n'ai jamais prévu d'y aller, même si autant que je l'ai fait. Je suis venu ici... "

Schiml fit une grimace impatiente et leva la main. "Oh, oui, oui, je sais tout ça. Vous êtes venu ici parce que vous aviez suivi un homme ici et que vous vouliez le tuer. Vous le poursuiviez depuis des années, parce que vous pensiez qu'il avait assassiné votre père en du sang froid et rien ne ferait sinon que tu le tues. N'est-ce pas ? Schiml cligna des yeux vers Jeff, sa voix lourde d'ennui. " Alors vous êtes venu ici et avez passé des tests, traquant votre homme, essayant de le trouver. Mais vous *ne* l'avez pas trouvé. Maintenant, les choses sont soudainement devenues trop chaudes à votre goût, alors vous pensez qu'il est temps de vous retirer. N'est-ce pas ? Ou est-ce que certains détails sont erronés ? »

La mâchoire de Jeff s'affaissa et son visage devint pâteux. "Cette salope—"

Schiml grimaça. "Non, pas Blackie. Blackie est discrète, à sa manière. Elle n'a rien à voir avec cela. Nous avons toujours entendu parler de vous, Jeff. Et par une source beaucoup plus fiable que Blackie." Il jeta un coup d'œil par-dessus son épaule à l'un des gardes. "Amenez-le", dit-il brusquement.

La porte de la pièce voisine s'ouvrit et un homme entra dans la pièce. C'était un homme grand et mince ; un homme au visage maigre, aux joues jaunies et aux grands yeux tristes ; un homme à l'air las, dont les cheveux grisonnaient jusqu'aux tempes, un homme dont tout le corps paraissait désespérément fatigué.

Et Schiml a regardé l'homme, puis il a regardé le plafond. "Bonjour, Paul," dit-il doucement. "Il y a quelqu'un ici qui te cherche—"

Un cri sortit des lèvres de Jeff alors qu'il regardait à travers la pièce. Un cri animal cru sortit de sa bouche comme un couteau. Ses lèvres se tordirent et il se tourna vers les gardes qui lui tenaient les bras, son visage devenant violet et ses yeux exorbités.

Avec un rugissement, il se jeta sur Conroe, en hurlant, un torrent de haine et d'insultes coulant de ses lèvres. Il criait encore et encore , ses yeux flamboyants d'un feu impie de haine. Conroe recula brusquement avec un cri, puis Schiml se releva alors que Jeff se précipita à nouveau, ses muscles se resserrant comme des bandes d'acier sous la chemise fragile.

Les gardes se sont battus pour le retenir, puis le médecin l'a retenu à son tour en criant : « Sortez, Paul, vite !

Mais Paul Conroe restait immobile, se tordant des mains à la tête, les yeux remplis d'une horrible douleur. Soudain, la tasse à café sauta de la table, tourna dans les airs et se dirigea droit vers la tête de Conroe. Il l'a raté et s'est écrasé contre le mur.

Jeff a encore crié et les murs et le plafond ont commencé à se dépoussiérer, le plâtre se décollant en gros morceaux, écrasant les murs sur le sol. Un énorme morceau est tombé du plafond, puis les rideaux ont soudainement commencé à s'enflammer, comme s'ils étaient allumés par un feu magique. Finalement, les vêtements de Conroe ont commencé à fumer et à se consumer.

Cria Blackie, regardant Jeff avec une horreur ouverte. La voix de Schiml résonnait à travers le chaos : « Arrêtez-le ! Calmez-le, pour l'amour de Dieu, avant qu'il ne nous détruise les oreilles ! Jeff rugit encore une fois sa haine virulente, et cette fois c'est Conroe qui cria :

"Arrête-le ! Il me déchire intérieurement. Mon Dieu, arrête-le !"

Quelqu'un s'est interposé entre Jeff et Conroe. Il y eut un scintillement de verre et d'argent lorsqu'un piston fut enfoncé. Puis soudain, les muscles de Jeff se sont lâchés. Ses jambes sortirent de dessous lui et il se sentit glisser sur le sol. Mais il continuait à crier, le visage de l'homme qui l'avait tourmenté toute sa vie se rapprochait de plus en plus, de plus en plus vicieux. Puis, tout à coup, tout devint noir autour de lui. Sa dernière impression consciente fut celle de Blackie. Elle avait le visage dans les mains et sanglotait comme une enfant dans un coin.

Il était allongé sur la longue table, enveloppé dans des draps chirurgicaux vert frais, immobile, respirant à peine. Ses yeux étaient grands ouverts, mais aveugles. Ils semblaient regarder fixement la lucarne pâle et brillante du plafond. C'était comme s'ils regardaient au-delà, des éternités au-delà, vers un monde étrange qu'aucun pied humain n'avait jamais foulé.

Sa respiration arriva lentement, un son dur dans la pièce immobile. Parfois, il ralentissait presque jusqu'à s'arrêter, parfois il accélérait. Le Dr Schiml resta immobile à ses côtés, attendant, regardant à bout de souffle jusqu'à ce que la respiration sifflante ralentisse pour revenir à la normale.

Jeff gisait comme un cadavre, mais il n'était pas mort. Près de sa tête, le panneau de minuscules lumières s'allumait et s'éteignait, de plus en plus lumineuses et plus faibles, transmettant leurs simples messages d'allumage ou d'extinction provenant de la myriade de terminaisons microscopiques de la minuscule électrode qui sondait les tissus mous du cerveau.

Aucun être humain ne pourrait jamais analyser la croissance et le déclin des motifs sur ce panneau, même pas au cours de cinq vies. Mais une caméra pourrait filmer les changements, instant après instant, vacillant, clignotant et brillant sourdement, dans mille milliers de figures et de mouvements différents. Et l' ordinateur pourrait extraire ces modèles du film, les analyser et les comparer. Cela les intégrerait dans l'image en constante évolution qui apparaissait sur le petit écran au chevet du patient.

C'était en effet un instrument rudimentaire pour l'étude d'un instrument aussi exquis et variable que le cerveau humain, et personne ne le savait plus douloureusement que Roger Schiml . Mais même un instrument aussi rudimentaire pouvait sonder cet étrange demi-monde dans lequel ils cherchaient depuis si longtemps à pénétrer.

Près du chevet, Paul Conroe était assis, immobile, le visage tiré, les joues décharnées enfoncées. Ses yeux étaient écarquillés et craintifs alors qu'il regardait le panneau d'images et ses doigts tremblaient lorsqu'il allumait sa pipe. Il a continué à regarder.

"Cela pourrait être tellement dangereux", murmura-t-il finalement en se tournant vers Schiml . "Tellement terriblement dangereux."

Schiml hocha gravement la tête, ajustant le microvernier qui contrôlait l'instrument de sondage. " Bien sûr , cela pourrait être dangereux, mais pas trop. Il y a vingt ans , il serait déjà mort, mais nous n'avons pas perdu de temps pendant toutes ces années que nous l'avons attendu. Surtout dans cette enquête cellulaire. "

Conroe secoua la tête. "Oh, non, non. Je ne veux pas dire dangereux pour lui. Je veux dire dangereux pour nous. Même lui ne réalise pas son pouvoir. Comment pouvons-nous prédire de quel type de pouvoir il s'agit ?" Il leva les yeux vers Schiml , les yeux écarquillés. "Cette pièce, elle aurait disparu dans cinq minutes, simplement déchirée en poussière moléculaire. C'est lui qui l'a fait, et pourtant, je jurerais qu'il ne savait pas ce qu'il faisait. Je doute qu'il ait même réalisé ce que c'était. Et le feu... c'était un vrai feu, Roger. Je sais, j'ai senti qu'il me brûlait.

Schiml hocha la tête avec impatience. " Bien sûr , c'était un vrai feu ! Faites tourner les molécules à des vitesses terriblement accélérées et vous obtenez le feu. Mais ce sont les choses que nous devons apprendre, Paul. "

Conroe secoua la tête avec crainte. "Nous pouvions tous les deux voir le feu, mais il y avait autre chose. On ne pouvait pas ressentir la haine qui régnait dans cette pièce. Je le pouvais." Il leva les yeux, les yeux hantés. "Mon Dieu, Roger, comment un homme pouvait-il haïr de cette façon ? C'était épais ; ça coulait dans la pièce comme du sirop. Oh, j'ai déjà ressenti de la haine dans les esprits que j'ai contactés, à plusieurs reprises. Je me suis senti vil. avant, mais là, c'était une haine vivante et rampante... » Il soupira, ses mains tremblantes. "C'est dans son esprit, Roger. Nous ne savons pas ce qu'il pourrait faire d'autre, même sous anesthésie, si nous touchons les bons endroits. Mais c'est dans son esprit. Ça, nous le savons. Mais pourquoi ?"

Schiml hocha de nouveau la tête. " C'est là la question clé, bien entendu. Pourquoi vous déteste-t-il autant ? Quand nous saurons cela, " le docteur écarta les mains, " nous aurons peut-être la réponse à vingt ans de travail. Et si dangereux que cela soit, nous devons le découvrir, pendant que nous en avons l'occasion, Paul. Tu le sais. Nous ne pouvons pas nous arrêter maintenant, pas avec ce que nous savons. Nous savons que la folie de Jeff est beaucoup moins active en ce moment que celle de son père . Mais à moins que nous puissions localiser les zones, trouver l' emplacement des deux facteurs, la psychose et les pouvoirs extra-sensoriels, nous sommes perdus. Nous n'aurons d'autre recours que de remettre nos découvertes aux autorités. Et vous savez ce que cela entraînerait signifier."

Conroe hocha la tête avec lassitude. "Oui, je sais. Massacres, stérilisations, peur, panique : toutes les mauvaises réponses. Et même la panique à elle seule serait fatale dans notre monde psychotique."

Le Dr Schiml haussa les épaules et retourna au chevet. "Nous le saurons bientôt, d'une manière ou d'une autre," dit-il doucement. "Nous arrivons en ce moment."

CHAPITRE DOUZE

L'aiguille bougeait, sondait très légèrement, stimulant profondément, profondément dans les tissus mous et fragiles... cherchant, sondant, enregistrant. Un pincement au cœur, la moindre trace de choc, une série de cellules nerveuses enflammées, un scintillement de lumière, une image : Jeff Meyer bougea, ses paupières s'abaissaient très légèrement et un muscle de sa mâchoire commençait à se contracter involontairement...

Il flottait doucement sur le dos, reposant sur d'énormes nuages pelucheux et gonflés. Il ne savait pas où il se trouvait et s'en fichait. Il resta simplement immobile, tournant doucement, comme un homme en chute libre, sentant les doux nuages autour de lui le pressant de plus en plus bas. Ses yeux étaient bien fermés – si bien qu'aucun rayon de lumière ne pouvait y pénétrer. Il savait en flottant que quoi qu'il arrive, il n'oserait pas les ouvrir.

Mais ensuite il y eut des bruits autour de lui. Il sentit ses muscles se contracter et il serra sa poitrine avec ses bras. Il y avait *des choses* qui flottaient dans l'air autour de lui, et elles émettaient de petits sons : de minuscules grincements et gémissements. Il frémit, soudain horriblement effrayé. Les bruits devenaient de plus en plus forts, chuchotant à son oreille, se moquant de lui.

Il ouvrit brusquement les yeux, fixant le long tunnel noir et creux dans lequel il tombait. Il tournait d'un bout à l'autre, de plus en plus vite dans le tunnel. Il s'efforçait de voir jusqu'au fond de l'obscurité, mais il n'y parvenait pas. Puis les rires ont commencé. D'abord de petits rires discrets, tout près de son oreille, mais de plus en plus forts – rires, rires, éclats de rire désagréables. Ils se suivirent, éclatant de rire insensé, se répercutant sur les parois courbes du tunnel, devenant de plus en plus fort, de plus en plus moqueur. Ils se moquaient de lui, quels qu'ils soient, et leurs rires se transformaient en cris dans ses oreilles. Puis, pour obtenir le silence, il fut obligé de crier lui-même. Et il joignit les mains à ses oreilles et ferma les yeux – et brusquement le rire cessa. *Tout* s'est arrêté.

Il resta tendu, écoutant. Non, pas tout. Il y avait des bruits. Quelque part au loin, il pouvait entendre le bzz-bzz-bzz d'une cigale. Cela sonnait fort dans l'air de la nuit d'été. Il se retourna, sentit les draps croustillants sous lui, l'oreiller moelleux, le bruissement de la couverture légère. Où?...

Et puis cela lui est venu clairement. Il était dans sa chambre, attendant, attendant et attendant.

Papa! Tout à coup, il sut que papa était rentré à la maison. Il n'y avait eu aucun bruit dans la maison sombre ; il n'avait même pas entendu le jet-car entrer dans le garage, ni la porte d'entrée grincer. Mais il savait quand même que papa était là. Il cligna des yeux face à l'obscurité et de petits frissons de peur lui parcoururent le dos. Il faisait si sombre, et il n'aimait pas l'obscurité, et il souhaitait que papa vienne allumer la lumière. Mais papa disait depuis la mort de maman qu'il devait être un petit homme courageux, même s'il n'avait que quatre ans...

Il s'allongea et frissonna. Il y avait d'autres bruits : devant la fenêtre, dans la pièce, des bruits effrayants. C'était très bien d'être un petit homme courageux, mais papa ne comprenait tout simplement pas l'obscurité et les bruits. Et papa ne comprenait pas pourquoi il voulait que quelqu'un le serre contre lui, le câline et lui murmure.

Et puis il a entendu le pas de papa dans l'escalier et l'a senti se rapprocher. Il se retourna et rigola, faisant semblant de dormir. Non pas qu'il tromperait papa pendant une minute. Papa saurait déjà qu'il était réveillé. Ils jouaient le même match soir après soir. Mais c'était amusant de jouer à des petits jeux comme ça avec papa. Il attendit, écoutant jusqu'à ce qu'il entende la porte s'ouvrir et les pas atteindre son lit. Il entendit la respiration de papa. Et puis il s'est retourné, a jeté les couvertures et a bondi comme un petit fantôme blanc en criant : "Boo ! Je t'ai fait peur, papa ?"

Et puis papa l'a pris sur ses épaules et a ri, et a dit que c'était un gros cheval blanc venu porter le petit Jeff dans un long voyage. Ils ont donc fait le long voyage jusqu'au bureau pour acheter du lait et des biscuits, comme ils le faisaient toujours lorsque papa rentrait à la maison. Il savait que papa ne voulait pas de lait, bien sûr. Papa ne buvait jamais de lait le soir avec lui. Papa était beaucoup plus intéressé par les cartes amusantes, les cartes qu'il avait vu papa fabriquer ce jour-là, un an plus tôt. Papa lui faisait parcourir encore et encore... cercle, spirale, chiffre huit, lettre B, lettre R... *C'était une lettre R, papa ? Mais ça n'aurait pas pu être le cas, je sais — oh, tu essaies de m'attraper ! Pouvons-nous jouer avec les billes maintenant, papa ? Ou les dés ce soir ? Ceux aux coins arrondis, ils sont beaucoup plus faciles, vous savez.*

Mais papa le regardait lire les cartes, fronçant le nez et appelant le chiffre. Et il verrait papa noter chaque bonne et chaque mauvaise réponse. Et puis il sentait papa rayonner presque de bonheur et de satisfaction. Et il attendait avec impatience que papa sorte les dés, parce qu'ils étaient bien plus amusants que les cartes. *Les dés à coins carrés, papa ? Oh, papa, ils sont tellement plus durs. Oh, un autre jeu, un nouveau ? Oh, bien, papa. Apprenez-moi un nouveau jeu avec eux, s'il vous plaît. Je vais essayer très fort de les faire ressortir correctement.*

Et puis après le nouveau jeu, papa lui a raconté une histoire avant de se coucher. C'était une de ses histoires drôles, où il *racontait* l'histoire, mais mettait toutes les plaisanteries, les plaisanteries et les choses privées sans aucun mot.

C'était marrant. Aucun des autres, comme Mary Ann au coin de la rue, ne pouvait sentir son père comme lui. Parfois, il s'en posait la question. Il en parlerait à Mary Ann comme un secret spécial, mais elle ne le croirait pas. Personne ne peut entendre son père sans que son père ne parle, a-t-elle déclaré. Mais il savait mieux.

Et puis des pensées lui traversèrent l'esprit, des sentiments venant de papa qui étaient des sentiments inconfortables. Il s'assit brusquement dans les bras de papa et sentit le froid le parcourir.

"Papa...."

"Oui, mon fils."

"Pourquoi... pourquoi as-tu peur, papa ? De quoi as-tu peur ?"

Et papa a ri et l'a regardé d'une manière étrange et a dit : "Peur ? Que veux-tu dire, peur ?" Mais la peur était toujours là. Même quand il s'est couché et que papa l'a encore quitté, il pouvait encore ressentir la peur ....

Et puis, brusquement, il se balança dans un vaste tourbillon rugissant qui tournoya autour de sa tête. Il sentait son corps se tordre dans le noir, tourbillonner, emporté sans effort. Il savait, d'une manière ou d'une autre, qu'il était Jeff Meyer. Et il savait que l'aiguille était là, sondant son esprit ; il le sentait s'approcher et s'éloigner. Il pouvait ressentir un pincement au cœur de la reconnaissance, la prise de conscience soudaine, presque intangible, d'une vérité.

Puis le chercheur a disparu : la sonde a terminé dans cette zone et est passée à la suivante. Le tourbillon était un tunnel d'eau vive, se balançant autour de lui, le faisant tourbillonner à la vitesse de l'éclair… vers le haut… vers le haut ; autour, puis vers le bas avec une précipitation écoeurante. Puis à nouveau, comme s'il chevauchait le Mur de la Mort dans un cirque, autour et autour... tout en le rapprochant toujours... plus près... plus près...

À quoi?

Il savait qu'il le combattait, se tordant de toutes ses forces pour lutter contre l'impossible tourbillon qui l'étouffait et l'emportait comme une plume. Il serra les poings et se débattit, serrant les dents, désespéré, soudain horriblement effrayé, plus horriblement effrayé qu'il ne l'avait jamais eu de sa vie. Au bout du tourbillon tumultueux, quelque chose gisait – quelque chose d'horrible et de laid, quelque chose qui avait été effacé de son esprit, récuré et éliminé depuis très, très longtemps. *C'était quelque chose auquel il n'osait pas faire face, plus jamais.* Soudain, Jeff a crié et a essayé de ramener son esprit à cet endroit. Il essayait désespérément de se souvenir, essayait de voir où le tourbillon le menait avant qu'il ne soit trop tard – *avant qu'il ne le tue !*

Quelque chose gisait là, l'attendant. C'était plus hideux que ce que son esprit pouvait imaginer – *quelque chose qui pourrait le tuer*. De plus en plus près, il se rapprochait, impuissant, son corps se raidissant de peur, se battant, le sang coulant dans ses veines. Mais il ne pouvait pas échapper à la mort dans cette ruelle fermée et frénétique.

Papa avait peur. Cette pensée traversa l'esprit de Jeff avec l'impact d'un éclair. Cela paralysait ses pensées, resserrait ses muscles en nœuds rigides. Papa avait peur... peur... *peur* – si horriblement peur.

Cette pensée le parcourut, figeant son sang. » cria-t-il en secouant la tête, essayant de combattre la puanteur de la peur mortelle, essayant de la chasser de son esprit. Son visage se tordit de douleur et tout son corps se tordit. Soudain, il cria et se cogna le visage contre le sol. Il était seul et son esprit était ravagé et obsédé par cette horrible peur.

Il ouvrit les yeux et vit le gazon sous sa tête. Vaguement, à travers la douleur qui envahissait son esprit, il aperçut la prairie herbeuse sur laquelle il gisait, complètement seul. Le petit ruisseau chantant était à quelques mètres. Le soleil de l'après-midi était haut, mais le saule planait au-dessus de lui, le couvrant d'une ombre fraîche. Quelque part, un oiseau chantait.

"Papa!" Le mot sortit de ses lèvres dans un petit cri, et il se redressa brusquement, les cheveux ébouriffés, son petit visage d'enfant de huit ans aux traits vifs tordu par la douleur et la peur qui déchiraient son esprit. Un coin de son cerveau, si lointain, lui disait qu'il n'avait pas huit ans, qu'il était un homme adulte. Mais il voyait venir ici ses petites mains, sales de la crasse de la basse-cour et du chemin par lequel il était entré. Il avait été poussé ici par la douleur, la peur et la haine qui envahissaient son esprit.

C'était papa. Il savait que c'était papa, et papa avait peur. Papa courait, avec le désespoir d'un animal traqué, courant dans un couloir, l'esprit frénétiquement effrayé. Il regardait par-dessus son épaule, le souffle court alors qu'il atteignait le bout du couloir, tirait vainement la porte puis s'effondrait contre elle. Et tandis qu'il sanglotait à grands cris, des larmes de peur et de désespoir coulaient sur ses joues.

Jeff a vu la porte ; il sentit le corps de papa se soulever, entendit le pouls furieux battre dans sa propre tête. Il vit le couloir froid et sombre, et son esprit fut absorbé par le tourbillon frénétique des pensées de son père, emporté dans une précipitation qu'il ne pouvait ni comprendre ni s'opposer. Plus fortes que jamais, ses pensées étaient celles de papa. Il a vu à travers les yeux de papa ; il a palpé le corps de papa. Dans le rapport le plus étroit qu'ils aient jamais connu, même si Jeff gisait ici sur le terrain herbeux, son corps se tordait de douleur et de peur que papa souffre à des kilomètres de là.

Ils arrivent , criait son esprit. *Piégé, piégé, que puis-je faire ?* Papa remontait maintenant le couloir en courant, son regard attrapant un ascenseur ouvert. Il courut à l'intérieur, chercha frénétiquement l'interrupteur. Il devait s'enfuir, descendre en bas, arriver d'une manière ou d'une autre à la rue ! Oh, mon Dieu, quelle erreur d'entrer dans cet endroit – un immeuble de bureaux, entre tous les endroits, où ils pouvaient si facilement le suivre, l'interrompre, le piéger !

Pourquoi était-il venu ? Pourquoi? Il savait qu'ils le cherchaient , il savait qu'ils se rapprochaient de plus en plus. Mais comment aurait-il pu pressentir que ce jour allait provoquer la panique, que la Bourse allait s'effondrer ce jour-là, le pointant du doigt sans se poser de questions, le repérant, indiquant à ses chasseurs sa position exacte, au-delà de l'ombre. du doute ?

Comment aurait-il pu le savoir ? Cela devait être le test final, le test pour prouver la force qu'il avait dans son esprit – la force qui avait détruit, détruit et détruit. Et cela était sorti de son propre esprit d'une manière indescriptible, incontrôlée, incrédule et incomprise. C'était la force qui avait amené les chasseurs jusqu'à lui.

Mais pas maintenant! Oh, s'il vous plaît, s'il vous plaît, pas maintenant – pas quand il était si près de la réponse. Pas quand il était si proche. Lentement, une colère impuissante envahit son esprit. Ils n'avaient plus le droit de l'arrêter maintenant. Dans un autre jour, une autre semaine, il pourrait avoir la réponse. Dans quelques jours, il aurait rassemblé cette puissance effrayante, l'aurait contrôlée. Il savait qu'il pouvait trouver la réponse. Il se tenait au bord du gouffre. Mais maintenant les chasseurs l'avaient piégé...

Pourquoi, papa ? Pourquoi te chassent-ils ? Oh, papa, papa, s'il te plaît, j'ai tellement peur ! S'il te plaît, papa, rentre à la maison. S'il te plaît, n'aie pas trop peur, papa. J'ai tellement peur....

L'ascenseur fit une embardée. Il tomba contre la portière alors que la voiture s'arrêtait entre les étages. Frénétiquement, il appuya sur le bouton et attendit de longues éternités tandis que la voiture restait silencieuse, immobile. Puis ses doigts coururent précipitamment le long des fentes de la portière de la voiture, cherchant une prise, essayant désespérément d'ouvrir la portière verrouillée.

Il les sentait venir, quelque part au-dessus de lui, quelque part en dessous de lui. Puis quelque chose s'est déchaîné dans son esprit ; un dernier barrage de contrôle s'est brisé, et il leur criait son défi, criait sa haine, son amertume. Ils l'avaient, ils allaient le tuer sans procès, l'abattre comme un chien enragé. Il les sentit tressaillir et se recroqueviller face au flot de haine qui jaillissait de son esprit, les sentit reculer. Ils avaient peur de lui, mais ils étaient déterminés à le tuer.

Un son au dessus ! Il s'aplatit contre le mur de l'ascenseur, tirant sur la grille métallique avec une force surhumaine, essayant d'ouvrir le métal pour trouver un chemin dans la cage en dessous. Quelqu'un descendait d'en haut, jusqu'au sommet de l'ascenseur ; quelqu'un dont l'esprit était rempli de peur, mais qui agissait avec détermination. Il y eut un bruit de grattage venant d'en haut, un bruit sourd de câble frappant contre le câble.

Ils pourraient libérer la voiture.

Il sauta vers le plafond de la voiture, poignardant avec ses doigts vers la petite porte de secours. Une pure haine lui conduisait les jambes alors qu'il sautait et sautait encore, jusqu'à ce que la porte s'envole. Sa main attrapa le rebord et il tira son corps vers le haut. Il passa les épaules par la petite ouverture, se soulevant et se précipitant vers le haut de la voiture.

Il a regardé en haut. Il aperçut un visage, un seul visage, suspendu au-dessus de lui, brumeux. Il distingua vaguement la forme d'un homme suspendu au câble vingt pieds au-dessus. Ses jambes étaient enroulées autour des câbles et une main tenait la petite arme faiblement brillante. Son esprit hurlait de haine contre l'homme, et il attrapa les câbles, les arrachant, les secouant comme un énorme arbre. Il vit l'homme descendre lentement, tournant d'avant en arrière, impuissant, tandis que les câbles vibraient. Mais il tenait bon, se rapprochant.

Papa! Arrête-le! Papa, ne le laisse pas te tuer.

Le visage apparut plus clairement : un visage maigre, maléfique, tordu par la peur et la douleur. Le personnage se déplaçait lentement le long des câbles, se tournant lentement, levant le bras avec l'arme, essayant patiemment de viser. C'était un visage maigre, avec des pommettes saillantes, des yeux légèrement exorbités, un front haut et plat, des cheveux grisonnants. *Souviens-toi de ce visage, Jeff. N'oublie jamais ce visage, ce visage est le visage de l'homme qui massacre ton père.* La haine affluait sur le visage ; il s'accroupit contre la paroi du puits, arrachant les câbles, essayant en vain de libérer le tueur. Il devait d'abord l'avoir ; il a dû l'arrêter. *Il est si proche ; il se retourne ; le pistolet est levé. Je ne l'aurai jamais...*

Le visage, planant tout près, les yeux écarquillés – le visage d'une goule – et en dessous du visage se trouvait le trou rond et terne de la bouche du pistolet, à quelques centimètres seulement. Un doigt se resserra. Un horrible éclair arriva, droit dans les yeux...

Papa!

Les pensées hurlaient dans son esprit : la haine amère et nue, la haine de la folie, ruisselant dans un dernier brasier brûlant. Puis vint une embardée écoeurante, une embardée de peur et de haine folles. Et il y eut une lumière éteinte, laissant place à l'obscurité...

Papa! Non, papa. Non, je ne te sens plus, papa. Que t'ont-ils fait? Oh, s'il te plaît, papa, parle-moi. Parle moi. Non non Non. Oh, papa, papa, papa....

le Dr Schiml leva les yeux de sa forme pâle et prostrée ; son front était perlé de sueur. La couleur avait presque complètement disparu du visage de Jeff et sa peau avait pris une teinte cireuse. Sa respiration était si superficielle qu'elle était à peine audible dans la pièce immobile, et le panneau de lumières vacillantes était devenu presque complètement immobile.

"Nous ne pouvons pas encore continuer", dit le Dr Schiml d'une voix rauque. "Nous devrons attendre." Il se tourna et traversa la pièce, essayant de garder ses yeux loin de la forme prostrée sur le lit ; Pourtant, partout où il allait, il semblait que ses yeux croisaient le regard idiot dans les yeux vides de l'homme. " Eh bien , il faudra attendre", répéta-t-il, et sa voix était presque un sanglot.

CHAPITRE TROISIEME

Paul Conroe bougea pour la première fois, passant une main dans ses épais cheveux gris tout en levant les yeux vers Schiml . "Une partie de cela m'est venue à l'esprit, même maintenant," dit-il faiblement. Son visage aussi était cendré et ses yeux étaient hantés. « Penser qu'il me détestait à ce point, et penser *pourquoi* il me détestait… » Il secoua la tête et enfouit son visage dans ses mains. "Je n'ai jamais su pour le vieil homme et le fils. Je ne l'ai tout simplement jamais su. Si j'avais su, je ne l'aurais jamais fait."

La pièce resta immobile pendant un long moment. Puis Schiml cligna des yeux vers Conroe, les mains tremblantes. " Voilà donc l'énorme pouvoir, la souche mutante que nous essayons de retracer depuis si longtemps. "

"C'est l'une des puissances les plus formidables", répondit Conroe avec lassitude. "Jeff a probablement tout le pouvoir que son père avait, même s'il n'a pas encore mûri. Il est juste latent, attendant le temps que les gènes exigent de son corps pour s'épanouir. Rien de plus. Et d'autres personnes ont les mêmes pouvoirs. Des centaines, des milliers d'autres personnes. Quelque part, il y a cent cinquante ans, il y a eu un changement – un petit changement chez un homme ou une femme.

Il leva les yeux vers Schiml , l'air hanté toujours dans ses grands yeux. "Des pouvoirs extra-sensoriels – sans aucun doute, une véritable souche mutante, mais liée à un dormeur – un gène noir qui évoque la folie. Un est devenu deux et deux se sont étendus à quatre – un pouvoir extra-sensoriel et une folie liée aux gènes. Toujours ensemble, grandissant, grandissant insidieusement comme un cancer. Et cela ronge les racines de notre civilisation.

Il se leva, traversa la pièce et regarda l'homme au visage pâle dans le lit. " Cela répond à tellement de choses, Roger, " dit-il enfin. "Nous savions bien sûr que le vieux Jacob Meyer avait un fils. Nous soupçonnions même alors que le fils pourrait partager certains de ses pouvoirs. Mais ça ! Nous n'en avons jamais rêvé. Le père et le fils étaient pratiquement deux personnes avec un seul esprit, dans une relation presque parfaite. rapport mutuel. Seul le fils était si jeune qu'il ne pouvait pas comprendre ce qui n'allait pas. Tout ce qu'il savait, c'est qu'il « sentait » papa et pouvait dire ce que papa pensait. En fait, tout ce qui se passait dans l'esprit de son père – tout – était dans son esprit aussi. Du moins, au plus fort du cycle de folie du vieil homme… "

Schiml leva brusquement la tête. "Alors il n'y a aucun doute dans votre esprit que le vieil homme était fou ?"

Conroe secoua la tête. "Oh non. Il n'y avait aucun doute. Il était fou, d'accord. Une analyse psychiatrique de son comportement a suffi à m'en convaincre, même si le suivre et l'observer ne l'était pas. Il avait un cycle régulier d'exaltation et dépression, si régulière qu'on pourrait presque la chronométrer. Il avait même repéré lui-même les symptômes de la psychose, à l'époque où il était à l'université. Mais bien sûr , il n'avait pas réalisé de quoi il s'agissait. Tout ce qu'il savait, c'est qu'à certains moments, il semblait être entouré de ces phénomènes particuliers, qui se produisaient rapidement et régulièrement dans les moments où il se sentait exalté, au sommet du monde. Et à d'autres moments, il semblait porter avec lui une aura de dépression. Au plus profond de ses dépressions, il provoquerait des vagues entières de suicides et de dépressions – des erreurs et tout le reste. »

Conroe inspira profondément. "Nous savions tout cela à l'époque, bien sûr. Ce que nous ne savions pas, c'est que le vieil homme cherchait lui-même la réponse, la recherchait activement. Tout ce que nous savions, c'est qu'il était activement l'homme le plus dangereux vivant sur Terre, et que jusqu'à ce qu'il soit tué , il deviendrait de plus en plus dangereux, suffisamment dangereux pour ébranler les racines mêmes de notre civilisation. »

Schiml hocha lentement la tête. "Et tu es sûr que son utilisation destructrice de son pouvoir était directement le résultat de sa folie ?"

Conroe fronça les sourcils. "Pas tout à fait," dit-il après un moment. "En fait, on ne peut pas dire que Jacob Meyer a "utilisé" ses pouvoirs extra-sensoriels. Ce n'était pas, pour la plupart, le genre de pouvoirs qu'il pouvait contrôler ou "utiliser". C'était le genre de pouvoirs qui se produisaient tout simplement. Il avait un pouvoir, et quand il était en pleine forme – dans une période d'exaltation, quand tout était au sommet du monde – le pouvoir fonctionnait. Il exhalait assez ce pouvoir qu'il portait, et plus il montait dans son exaltation, plus le pouvoir devenait cruellement dangereux.

Conroe s'arrêta, fixant le lit pendant un long moment. "Ce qui est infernal, c'est qu'il n'est absolument pas possible de relier cela à une puissance humaine. Après tout, comment un être humain peut-il avoir un impact considérable sur le déroulement d'un cycle économique ? Bien sûr, il ne le peut pas, à moins que c'est un dictateur, ou une personne extrêmement puissante dans un autre domaine. Et Jacob Meyer n'était ni l'un ni l'autre. C'était un simple statisticien à moitié affamé avec un tas d'idées qu'il ne pouvait même pas comprendre lui-même, et encore moins vendre à quiconque le pouvait. " _ _

Conroe se pencha en avant, cherchant ses mots. "La psychokinésie de Jacob Meyer n'était pas le genre de télékinésie que nous avons vu Jeff se retourner contre moi dans cette pièce il y a quelques heures. Il aurait probablement pu y parvenir aussi, s'il m'avait suffisamment détesté. Mais si l'esprit de Jacob Meyer avait simplement affecté Les choses physiques - le tour d'une carte, la chute des dés, le mouvement des molécules d'un endroit à un autre - il aurait été un problème simple. Nous aurions pu l'isoler, l'étudier. Mais ce n'était pas si simple. "

Paul Conroe se rassit et regarda Schiml avec de grands yeux tristes. "Cela aurait été impossible à prouver devant un tribunal. Nous le savions et le gouvernement le savait. C'est pourquoi ils nous ont nommés assassins pour s'occuper de lui. Parce que l'esprit de *Jacob Meyer affectait les probabilités.* Par sa seule présence, à une époque " D'exaltation, il a bouleversé les probabilités normales des événements qui se produisaient autour de lui. Nous l'avons observé, Roger. C'était incroyable. Nous l'avons observé à la bourse, et nous avons vu la panique commencer presque au moment où il est entré. Nous avons vu les acheteurs soudainement et inexplicablement, ils changent d'avis et commencent à vendre au lieu d'acheter. Nous avons vu ce qui s'est passé à la Banque de la Métropole le premier jour où nous avons essayé pour lui. Il avait peur, son esprit était plongé dans un pic de peur et de colère ; cela a déclenché un banque run ce matin-là qui a failli mettre en faillite la maison financière la plus puissante de la côte Est ! Nous avons vu l'influence personnelle et individuelle de ce petit homme sur la diplomatie internationale, sur les finances, sur les jeux de hasard à Reno, sur la pensée et l'action de l'homme de la rue. . C'était incroyable, Roger."

"Mais Jacob Meyer n'était sûrement pas le seul..."

" Oh, il y en avait d'autres, certainement. Nous en avons une meilleure idée, maintenant, après toutes ces années d'études. Il y en avait et il y en a des milliers et des milliers — certains comme moi, d'autres bien pires — tous porteurs d'un certain degré d'extra- la puissance sensorielle de cette souche mutante originale, le tout avec la psychose liée au gène associée à chaque fois. Et nous avons vu notre civilisation lutter contre ces milliers de personnes juste pour garder ses pieds. Mais Jacob Meyer était le premier cas de l'ensemble, Un changement à part entière chez un homme que nous n'avions jamais trouvé. Il était fou, son esprit était complètement fou. Et les pouvoirs extra-sensoriels qu'il portait étaient si fermement liés à la folie qu'il n'y avait pas de séparation entre les deux. Il nous a mis sur la piste, et la piste a conduit à son fils après sa mort... »

"Oui, le fils. Nous avons le fils." Schiml fronça les sourcils en voyant la forme à la respiration superficielle sur le lit. "Nous aurions dû l'avoir avant, des années auparavant."

" Bien sûr que nous devrions le faire. Mais le fils a disparu après la mort de son père. Nous n'avons jamais su pourquoi il a disparu - jusqu'à présent. Mais maintenant nous savons qu'en tuant son père, nous avons fait plus que cela. Nous avons presque gâché notre dernière chance de attrapez cette chose et étudiez-la avant qu'il ne soit trop tard. Parce que lorsque nous avons tué le père de Jeff, *nous avons aussi tué Jeff Meyer*.

Schiml fronça les sourcils. "Je ne le suis pas. Il est toujours en vie."

"Oh, bien sûr, il est toujours en vie. Mais ne vois-tu pas ce qui lui est arrivé ? Il vivait dans l'esprit de son père ; il savait tout ce que son père savait, mais il ne le comprenait pas. Il pensait avec les pensées de son père : " Il a vu à travers les yeux de son père, parce qu'ils étaient mutuellement et complètement télépathiques. Il a ressenti la peur, la frustration et l'amertume de son père lorsque nous l'avons finalement enfermé dans cet immeuble de bureaux. Il gisait en hurlant par terre dans une ferme quelque part, mais en réalité il était dans l'esprit de son père.

"C'était un esprit fou, un esprit qui s'élevait jusqu'aux plus hauts sommets de la folie, alors qu'il attendait que je descende et le tue. Et Jeff était entouré de la haine de son père. Il a vu mon visage à travers les yeux de son père, et tout " Il pouvait comprendre, c'est que son père était en train d'être massacré et que je le massacrais. Lorsque la balle est entrée dans le cerveau de son père et lui a ouvert le crâne, Jeff Meyer a ressenti cela aussi. Quand son père est mort, Jeff est mort aussi – une partie de lui , c'est-à-dire qu'ils formaient un seul esprit et qu'une partie de cet esprit unique a été détruite.

Conroe fit une pause, le front couvert de sueur. La pièce était silencieuse à l'exception de la respiration rauque de l'homme assis sur la table. Le visage de Conroe, alors qu'il baissait les yeux, était celui d'un fantôme.

"Pas étonnant que le garçon ait disparu", murmura-t-il. "Il avait reçu une balle dans la tête. Il était presque mort. Il a dû être en état de choc pendant des années après un tel traumatisme, Roger. Il a dû passer des années à errer dans cette ferme, soigné par une tante, un oncle ou un cousin, alors qu'il se remettait lentement. Pas étonnant que nous n'ayons pu trouver aucune trace. Et puis, quand il s'est rétabli, tout ce qu'il savait, c'est que son père avait été assassiné. Il ne savait pas comment, il ne savait pas pourquoi, et il a osé "Je ne me souviens jamais de la vérité. Parce que la vérité était qu'il *avait* été tué. Tout ce qu'il osait reconnaître, c'était mon visage - une hallucination cauchemardesque récurrente, sortant de ses rêves, le tourmentant dans les rues, le tourmentant jour et nuit. "

"Mais tu le poursuivais."

"Oh, oui, nous le chassions. Il était inévitable que tôt ou tard nous nous retrouvions face à face. Mais quand nous l'avons fait, j'ai reçu un coup mental si horrible que je ne pouvais même pas regarder à quoi il ressemblait. " Je ne pouvais rien faire d'autre que crier et courir. Quand il m'a vu ce jour-là dans la boîte de nuit, il a complètement perdu la raison. Il a explosé de haine et d'amertume. Et puis il a décidé de me traquer et de me tuer pour avoir tué son père."

Conroe écarta les mains en s'excusant. "Cela semblait logique d'utiliser cette haine et cette détermination unique pour l'attirer ici. Mais c'était une torture. Il me suivait avec son esprit, sans même le savoir. C'était le visage du vieux Jacob Meyer qui me hantait partout où j'allais. Je ne l'ai pas fait. Je ne sais pas pourquoi, alors, parce que je ne savais pas que Jeff faisait partie de cet esprit. Et Jeff ne savait pas qu'il transportait et diffusait cette horreur partout où il allait.

Conroe se pencha en arrière, son corps mou d'épuisement. "Nous avions désespérément besoin de Jeff. Oui, nous avions besoin de lui ici, pour les tests, pour cette étude. Cela a été un travail long et fastidieux, l'étudier, l'observer, le photographier, apprendre à quel point il possédait le pouvoir de son père. Et Nous n'avons pas osé l'amener ici tant que nous n'étions pas sûrs qu'il était en sécurité. Et maintenant, avec ce qu'il sait, il est plus dangereux que son père ne l'a jamais été. Il y en a des centaines qui portent le changement, en plus ou moins grande partie, tous génétiques. -lié à la folie. Et Jeff Meyer est fou comme tous les autres. Mais au moins il y a de l'espoir, parce que nous pouvons l'étudier maintenant. Parce qu'à moins que nous puissions d'une manière ou d'une autre séparer la fonction de la folie de celle de la psychokinésie, nous Je n'ai plus le choix, aucun espoir."

Schiml leva les yeux, les yeux écarquillés. "Pas le choix-"

"... mais pour les tuer, tous . Pour chasser la souche et l'effacer de la surface de la Terre si impitoyablement et complètement qu'elle ne puisse plus jamais se relever. Et effacer avec elle le premier nouveau maillon de l'évolution de l'Homme. depuis l'aube de l'histoire."

Lentement, les yeux de Roger Schiml passèrent de la forme de Jeff Meyers sur le lit au visage grave de Paul Conroe. "Il n'y a pas d'autre chemin?"

"Aucun", a déclaré Paul Conroe.

"Jeff", a déclaré le Dr Schiml . "Jeff Meyer."

La silhouette sur le lit bougea très légèrement. Les yeux se fermèrent lentement, puis se rouvrirent, semblant légèrement moins vides. Les lèvres de Jeff s'entrouvrirent dans un gémissement presque inaudible, à peine plus qu'une respiration.

"Jeff. Tu dois m'entendre une minute. Écoute, Jeff, nous essayons de t'aider. Peux-tu entendre ça ? Nous essayons de t'aider, Jeff, et nous avons besoin de ton aide."

Les yeux se tournèrent vers le visage de Schiml . C'étaient des yeux hantés, des yeux qui avaient vu la tombe et au-delà.

"S'il te plaît, Jeff. Écoute. Nous sommes à la chasse. Nous essayons de trouver un moyen de t'aider. Tu connais ton père maintenant, la vérité sur ton père, n'est-ce pas ?"

Les yeux vacillèrent, revinrent et la tête hocha légèrement la tête. "Je sais," fut la réponse soupirante.

"Tu dois nous dire quoi faire, Jeff. Il y a de bons pouvoirs ici dans ton esprit, et il y a des pouvoirs terribles, des pouvoirs destructeurs. Nous devons les trouver tous les deux, trouver où ils se trouvent, comment ils fonctionnent. Vous devez nous dire, pendant que nous sondons, quand nous frappons le bien, quand nous frappons le mal. Comprenez-vous, Jeff ?

La tête hocha de nouveau la tête. La mâchoire de Jeff se serra un peu et une expression de fatigue infinie traversa son visage. "Allez, Doc."

Le Dr Schiml s'est penché sur les commandes appropriées et a déplacé le cadran du microvernier . Il le bougea encore, observant, et le bougeant encore. Une fine sueur coulait sur son front pendant qu'il travaillait, et il sentait les doux yeux de Conroe sur lui, attendant, espérant...

Et puis un gémissement sortit des lèvres de Jeff, un son indéfinissable, impuissant et enfantin, un petit cri de terreur. Le Dr Schiml leva les yeux, son cœur battant à tout rompre. Les yeux de Jeff étaient à nouveau écarquillés, le regard fixe, sans vie, et sa respiration était superficielle et filante. Schiml jeta un rapide coup d'œil à Conroe, puis revint, ses yeux reflétant la peur et la tension dans son esprit. Et tandis qu'il travaillait, ses épaules s'affaissaient en avant, se préparant à la défaite. Parce que ce qu'il faisait était impossible, et il savait que c'était impossible. Mais il savait avant tout qu'il fallait réussir.

CHAPITRE QUATORZE

Il tournait comme une toupie, d'un bout à l'autre, comme s'il avait sauté d'un immense et puissant plongeoir. Il s'élevait de plus en plus haut dans les airs. Allongé, tendu, Jeff savait que son corps était toujours sur le lit moelleux, mais il sentit ses pieds se lever, sa tête s'enfoncer, alors qu'il tournait éperdument dans l'obscurité. Et il pouvait sentir la petite aiguille sondante, cherchant, chassant, stimulante…

Un bruit de sirène éclata dans ses oreilles : une explosion chatoyante de sons musicaux hurlants qui lui envoyèrent des frissons froids dans le dos. Puis cela s'est stabilisé pour devenir un gémissement de haut en bas qui s'est progressivement transformé en un bruit parasite dans son oreille. Quelque part, dans le grincement inégal du bruit, il entendit une voix chuchotée à son oreille, d'une voix rauque. Il fit une pause, s'efforçant d'entendre, essayant de saisir un mot occasionnel.

Il savait qu'il n'y avait aucune voix en dehors de son corps. Il en était sûr. Pourtant, il entendait le son, plus profond dans son oreille, de plus en plus fort, puis de plus en plus fort. Cela lui murmura, portant une note de la plus profonde urgence dans ses douces sifflantes. Tout à coup, il lui parut d'une importance vitale d'entendre ce que disait la voix, car les mots étaient clairement dirigés contre lui. Il bougea légèrement et écouta plus attentivement, jusqu'à ce que les mots ressortent clairement.

Et puis il haleta, un sentiment de panique l'envahissant. Il entendit les mots et c'étaient des mots absurdes, des sons sans signification. Quelque chose remua dans son esprit, un vague souvenir de paroles insensées, d'un choc horrible. Y avait-il eu un choc ? Mais les sons étranges l'effrayaient, faisant descendre la peur jusqu'à la moelle de ses os. Les chuchotements étaient sinistres : des babillages, des sons de mots qui *avaient besoin* de sens et n'en avaient pas – des demi-mots, brouillés, tordus, dénués de sens.

Prudemment, il ouvrit les yeux et scruta l'obscurité pour voir les chuchoteurs. Ses yeux se fixèrent sur deux formes informes, grandes, fantomatiques, vêtues de robes noires avec des capuches remontées sur leurs visages. Les personnages s'appuyaient sur leurs bâtons et maintenaient la tête ensemble. Ils se disaient des bêtises avec une telle ferveur qu'ils semblaient horriblement ridicules. Prenant une profonde inspiration, Jeff se dirigea vers les deux personnages, puis s'arrêta net, son cœur battant à tout rompre dans sa gorge.

Parce qu'au moment où il avait fait un mouvement vers eux, les silhouettes se tournaient brusquement vers lui, et leurs voix absurdes étaient soudainement devenues claires pendant un bref instant. Ils devinrent clairs, indubitables et chargés d'une signification horrible : « Reste à l'écart, Jeff Meyer. Reste à l'écart.

Il regarda autour de lui en tremblant, essayant de se situer, essayant de trouver un point de repère. Les personnages encapuchonnés se tournèrent l'un vers l'autre et recommencèrent à babiller. Mais maintenant, ils semblaient se tenir devant une arcade, une arcade sombre et grise qu'ils semblaient garder. Lentement, sournoisement, Jeff commença à s'éloigner d'eux. Mais il les observait avec des yeux furtifs, et à mesure qu'il s'éloignait, l'obscurité autour de lui s'éclaircit et les choses devinrent soudain plus lumineuses. Et puis il y avait des chants dans ses oreilles, des chœurs joyeux éclatant en chants joyeux. Un grand sentiment de soulagement et de complaisance l'envahit comme un manteau. Il sourit, respira plus profondément et commença à se retourner.

" Qu'est-ce que c'était, Jeff ? Qu'avons-nous frappé ? "

Il secoua violemment la tête, un froncement de sourcils plissant son visage. "Restez à l'écart", murmura-t-il. "Les vieux, ils étaient là." Soudain, il se sentit se retourner jusqu'à ce qu'il se retrouve à nouveau face aux personnages encapuchonnés, et ses pieds le poussaient à nouveau vers eux, involontairement, inexorablement. Et puis les mots absurdes réapparurent, plus menaçants, plus forts cette fois qu'avant : "Pas plus près, Jeff Meyer. Reste à l'écart, à l'écart, à l'écart."

"Je ne peux pas y aller", marmonna-t-il à voix haute.

" Pourquoi pas, Jeff ? "

"Ils ne me le permettent pas. Je dois rester à l'écart."

" Que gardent-ils, Jeff ? "

"Je ne sais pas. Je ne sais pas, je te le dis. Je dois rester à l'écart !"

Et puis soudain, le chant se dissout dans une hideuse cacophonie de sons qui s'entrechoquent, un vacarme qui l'assourdit presque. Une énorme vague déferla soudain autour de lui. C'était comme un déferlant au bord de l'océan, tourbillonnant, l'entourant, le rattrapant et le projetant éperdument dans un long tunnel tourbillonnant. Désespérément, il s'est battu pour trouver l'équilibre et a finalement retrouvé ses marques. Mais ensuite le sol bougeait sous lui. Il courut frénétiquement, jusqu'à ce que sa respiration devienne courte et que son sang batte à ses oreilles. Puis il attrapa une branche qui passait près de lui et se releva alors que l'eau déferlait rugissait sous lui.

Le ciel autour de lui était noirci. Au loin, il aperçut un éclair aveuglant, déchirant le ciel, mettant en relief dans son esprit le paysage sombre et déchiré par le vent alors qu'il s'accrochait à la branche. Il entendit un battement d'ailes alors qu'un énorme vautour noir survolait. Et puis la pluie commença à tomber, une pluie froide et détrempante qui rongea ses vêtements et trempa sa peau. Elle coulait en torrents dans ses yeux, ses oreilles et sa bouche.

Et puis il entendit des voix tout autour de lui. Comment pourrait-il y avoir des voix ici ? Car il n'y avait personne, aucun signe de vie au sang chaud. Mais il y avait des voix, agréables. Ils venaient de tous côtés. Il ne voyait personne, mais il pouvait les *sentir*.

Sentez-les ! Il haleta de pure joie, sortant son esprit avec impatience, incrédule, à la recherche du sentiment soudain de *contact parfait et chaleureux* qu'il venait de ressentir. Et puis son esprit passait d'une personne à l'autre, des dizaines de personnes, et il pouvait toutes les ressentir, aussi clairement, aussi merveilleusement qu'il n'avait jamais ressenti son père — avec netteté, magnifiquement.

Il a crié, il a crié de joie. Des larmes de bonheur non soulagé coulaient sur ses joues alors qu'il étendait son esprit et embrassait les pensées des gens qu'il pouvait sentir mais qu'il ne voyait pas. Et il sentit ses propres pensées être rencontrées, captées, embrassées et comprises.

"Ici!" il cria. " Schiml , ça y est, ne le perds pas, mec. C'est le centre. Je le contrôle. Tu l'as maintenant. *Travaille-le, Schiml* . *Travaille-le pour tout ce que tu as.* "

Et puis il a regardé le ciel noir et menaçant autour de lui, et son esprit a ri et a crié que les nuages s'en aillent. Et il y eut un tourbillon sauvage de nuages et ils se brisèrent, et le soleil tomba soudainement sur lui. Il s'est jeté de l'arbre et a dévalé la colline en courant. Il ressentait une liberté merveilleuse et écrasante qu'il n'avait jamais ressentie auparavant, son esprit libre de s'envoler et de s'envoler sans entrave. Plus rien ne s'opposait désormais à une compréhension complète de tous les hommes. C'était un esprit qui pouvait aller où il voulait, faire ce qu'il voulait.

Il descendit en courant vers le bas de la colline et sentit son contrôle grandir à chaque pas qu'il faisait. Il savait qu'en arrivant au bas de la colline que la bataille serait gagnée, il courut d'autant plus vite.

Et puis, comme dans un horrible cauchemar, les silhouettes encapuchonnées surgirent directement sur son chemin, de longs doigts osseux le poignardant d'un air accusateur. Il tomba à plat ventre face à l'avertissement accablant des voix qui le frappèrent. Et il s'étendait aux pieds des personnages et sanglotait, tout son corps secoué de sanglots amers et désespérés. Et les nuages sombres se rassemblèrent à nouveau. Il était trop tard, trop tard.

" *Que gardent-ils, Jeff ?* "

"Je ne sais pas. Je ne sais pas. Je ne peux pas percer."

" *Il le faut, Jeff. Il le faut ! Nous avons le centre extra-sensoriel. Nous l'avons trouvé, mais quelque chose le bloque. Jeff, quelque chose vous éloigne. Vous devez voir quoi-* "

"Je ne peux pas. Oh, je ne peux pas. S'il te plaît, ne m'y oblige pas !"

" *Il le faut, Jeff !* "

"Non!"

" *Vas-y, Jeff.* "

Il se releva, face aux silhouettes encapuchonnées, recroquevillé, tout son corps tremblant. Au plus profond de son esprit, il pouvait sentir l'aiguille de sonde bouger, bouger lentement, le forçant à se rapprocher de plus en plus des silhouettes sinistres. Lentement, ses pieds bougeaient, traînant de peur, une peur paralysante qui exigeait chaque once de force qu'il possédait pour faire fonctionner ses jambes. Et les voix, chargées de menace, lui grinçaient l'oreille : "Restez dehors, restez à l'écart. Si vous voulez vivre, restez à l'écart... à l'écart... à l'écart..."

Il se rapprocha de plus en plus des personnages encapuchonnés, se pencha en avant pour regarder autour d'eux vers la porte grise et horrible qu'ils gardaient – une porte lourde de moisissure et de renforts en fer rouillé.

Puis il leva la main et rejeta la capuche du premier personnage, fixa le visage qu'elle couvrait et poussa un cri.

C'était son propre visage !

Il se tourna et rejeta l'autre capuche et regarda attentivement, luttant pour voir le visage avant que les traits ne deviennent flous, méconnaissables. C'était aussi son visage, indubitable. Avec un rugissement de colère et de frustration, il tendit la main, arracha les capots, les arracha, un avec chaque main, et arracha les linceuls qui les enfermaient.

Les personnages étaient des squelettes avec son visage ! Il les frappa et ils se brisèrent comme du verre fin, tombant en morceaux à ses pieds. Et il passa ses pieds à travers les débris et se tourna pour appuyer son épaule contre le portail, poussant contre celui-ci jusqu'à ce qu'il s'ouvre, grinçant sur ses charnières rouillées. Il s'est ouvert – *face à la folie* .

Il a crié deux fois, des cris courts et frénétiques, alors qu'il essayait de cacher ses yeux de l'horreur pourrie et se tordant derrière la porte.

"Ici!" il a crié. "C'est ici. Vous êtes au bon endroit. C'est ce que vous cherchez. Découpez-le. Tranchez-le. S'il vous plaît, je n'en peux plus."

Ses pieds franchirent l'horrible porte, dans la folie grouillante, répugnante et horrifiée qui s'étendait au-delà. Et il cria encore en voyant le flash lumineux. Il sentit l'embardée déchirante et nauséabonde qui l'emporta et le jeta au sol, dans les longs canaux sinueux de l'obscurité, tandis que la douleur lui traversait la tête.

Soudain, il y eut un autre éclair aveuglant, et il sentit ses muscles et son esprit s'effondrer en poussière. Il tomba, frémit et resta allongé, impuissant, alors que son esprit passait au crible et s'écoulait dans la terre poreuse sous lui.

Lorsqu'il ouvrit les yeux, il vit le visage de Conroe. Il fut tendu pendant un moment, tous ses muscles se contractant. Puis soudain, il se détendit, cligna des yeux et regarda le visage de Conroe, les yeux remplis d'émerveillement.

"Je suis désolé, Jeff. Je ne connais pas les mots pour te dire à quel point je suis désolé." Il y avait des larmes dans les yeux de Conroe, et Jeff les regarda et sentit un frisson d'émerveillement parcourir son dos. Car Conroe n'utilisait pas de mots du tout et pourtant il *savait* ce que Conroe voulait dire.

Sans un mot, il leva la main de l'homme, la pressa brièvement et la laissa retomber sur la couverture. "Il n'y a pas ce genre de mots", murmura-t-il.

"Et tu te sens bien ?"

Jeff cligna des yeux, un étonnement soudain naissant dans ses yeux. "Je— je—je suis vivant !" Il lutta pour s'asseoir, sentit une douleur lui parcourir la colonne vertébrale.

Schiml s'approcha du lit et le ramena doucement dans la douceur du lit. "Oui," dit-il joyeusement, "tu es vivant. Et tu vas bien. Et il n'y a aucune ironie à t'appeler un Mercy Man." Ses yeux brillaient d'un joyeux triomphe. "Tu es un homme à part entière, Jeff – comme tu étais destiné à l'être – pour la première fois de ta vie."

Les mots lui parvenaient clairement, mais Jeff savait qu'aucun mot n'avait été audible dans la pièce. "Tout comme mon père", murmura-t-il. "Je l'ai juste senti, je savais juste à quoi il pensait."

Des larmes coulaient sur les joues de Schiml et son visage était si infiniment heureux qu'il ne semblait plus être le même homme. Il leva un doigt, montra silencieusement le verre d'eau sur la table et regarda Jeff. Jeff tourna les yeux vers le verre, qui s'élevait à un demi-pouce de la table et restait là, brillant légèrement dans la faible lumière de la pièce. Puis il se repose doucement sur le support.

"Contrôle," dit doucement Jeff. "J'ai le contrôle."

"Le pouvoir était lié à autre chose", dit doucement Schiml . "Vous aviez le pouvoir extra-sensoriel, oui, mais il était lié à quelque chose qui vous aurait empêché de prendre le contrôle. Une folie dégénérative, partie intégrante du pouvoir extra-sensoriel. Vous n'êtes pas seul, Jeff. Là Il y en a plusieurs centaines comme vous, à des degrés plus ou moins importants. Conroe est comme vous, dans une mesure très limitée. Et il cherche un moyen de séparer les deux depuis des années. C'est pourquoi vous êtes vraiment un Mercy Man. Nous le savions "Il y avait deux centres, mais nous ne connaissions aucun moyen de les séparer. Nous devions avoir vous pour nous guider, Jeff. Nous devions trouver le centre de la folie dans votre cerveau pour l'extraire et vous délivrer. C'est ce que nous avons attendu vingt ans. Et maintenant, nous avons une technique que nous pouvons utiliser pour libérer des milliers d'autres personnes comme vous.

Jeff les regarda avec étonnement. La lumière du soleil pénétrait par la fenêtre. De l'autre côté, il apercevait les tours du centre médical Hoffman, blanches et luisantes. Il prit une profonde inspiration d'air frais et se tourna de nouveau vers les deux hommes debout à côté du lit.

"Alors c'est toi qui me poursuivais", murmura-t-il. "C'est étrange, n'est-ce pas. Ce n'était pas moi qui chassais Conroe. C'était mon père, le fantôme de mon père toujours dans mon esprit. Le fantôme d'un fou…" Ses yeux se plissèrent et il regarda attentivement Schiml . "Et puis il y en avait d'autres qui le savaient aussi. Blackie le savait. Elle devait être la fille de la boîte de nuit."

"Elle l'était. Un peu de maquillage épais, un peu de plastique léger, ceux-là ont fait suffisamment de changements pour vous tromper. Mais elle n'a jamais su pourquoi. Les hypnotiques peuvent être puissants et ils peuvent effacer toute mémoire." Il fit une pause, souriant à Jeff. "Blackie sera le prochain. Nous avons tellement besoin d'elle dans le travail que nous devons faire, presque autant que nous avons besoin de toi. Mais tu as également libéré Blackie. Elle sera plus heureuse qu'elle ne l'a jamais été depuis le manteau de la malchance. a commencé à émettre depuis son esprit il y a dix ans. Elle sera de loin plus heureuse. "

Quelques heures plus tard, Jeff se réveilla à nouveau dans la pièce immobile. Les hommes étaient partis et les ombres s'allongeaient dans la pièce, et son esprit était rempli de nombreuses pensées.

"Tu peux y aller si tu veux", avait dit Paul Conroe avant leur départ. "Ou vous pouvez rester, comme bon vous semble. Si vous partez, nous ne pouvons pas vous arrêter. Mais nous vous supplions de rester. Nous avons tellement besoin de vous."

Il y en aurait d'autres qui resteraient, pensa Jeff. Le Méchant Français restait – ricanant, riant, haïssant – à viser les grosses sommes d'argent qui se cachaient toujours dans le futur, inconscient complètement de la mission de miséricorde qu'il accomplissait de sa vie. Et Harpo resterait, et tous les autres....

Et Blackie resterait aussi. Pauvre Blackie impuissant, beau Blackie, Blackie désespéré. Pour elle, il y avait un nouveau bail. Et il n'y avait aucun moyen de dire qui elle serait après la signature du nouveau bail pour elle.

Et Conroe resterait, délivré après toutes ces années du fardeau qu'il portait.

Avec lassitude mais bonheur, Jeff regardait le plafond. Il respira profondément l' air calme, son esprit rempli d'un labyrinthe de pensées émerveillées. Il savait que réfléchir maintenant était inutile, qu'il n'y avait plus vraiment de problème.

Il savait, en fermant à nouveau les yeux, que Jeff Meyer resterait aussi.